宇宙的尽头是哲学

32 节哲学通识课

Classical Philosophy

Knowledge In A Nutshell

古典哲学篇

[英]迈克尔·摩尔 著
修佳明 译

图书在版编目（CIP）数据

宇宙的尽头是哲学：32节哲学通识课. 古典哲学篇 /
（英）迈克尔·摩尔著；修佳明译. -- 北京：北京联合
出版公司, 2023.5
　　ISBN 978-7-5596-6786-1

Ⅰ.①宇… Ⅱ.①迈… ②修… Ⅲ.①古典哲学—通
俗读物 Ⅳ.①B-49

中国国家版本馆CIP数据核字（2023）第050824号

Copyright © Arcturus Holdings Limited
www.arcturuspublishing.com

Simplified Chinese edition copyright © 2023 by Beijing United Publishing Co., Ltd.
All rights reserved.
本作品中文简体字版权由北京联合出版有限责任公司所有

宇宙的尽头是哲学：32节哲学通识课. 古典哲学篇

[英]迈克尔·摩尔（Michael Moore） 著
修佳明　译

出　品　人：赵红仕
出版监制：刘　凯　赵鑫玮
选题策划：联合低音
特约编辑：赵璧君
责任编辑：翦　鑫
封面设计：黄　婷
内文排版：聯合書莊

关注联合低音

北京联合出版公司出版
（北京市西城区德外大街83号楼9层　100088）
北京联合天畅文化传播公司发行
北京美图印务有限公司印刷　新华书店经销
字数182千字　880毫米×1230毫米　1/32　9印张
2023年5月第1版　2023年5月第1次印刷
ISBN 978-7-5596-6786-1
定价：56.00元

版权所有，侵权必究
未经许可，不得以任何方式复制或抄袭本书部分或全部内容
本书若有质量问题，请与本公司图书销售中心联系调换。电话：（010）64258472-800

目录

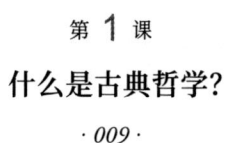

前言
·001·

第 1 课
什么是古典哲学？
·009·

第 2 课
解释自然的哲学家
泰勒斯、阿那克西曼德和阿那克西美尼
·019·

第 3 课
对宇宙的基本阐释
阿那克萨戈拉
·031·

第 4 课

火、气、土和水四元素

恩培多克勒

·041·

第 5 课

意见之路与真理之路

巴门尼德和芝诺

·051·

第 6 课

数字是解释宇宙的原理

毕达哥拉斯和他的弟子们

·063·

第 7 课

人的性格代表了他的命运

赫拉克利特

·075·

第 8 课
万物都是必然，无物可无端发生
原子论者：留基波和德谟克利特
· 087 ·

第 9 课
人是万物的衡量标准
智者学派
· 099 ·

第 10 课
美德即知识
苏格拉底
· 111 ·

第 11 课
灵魂被分为三部分
柏拉图
· 123 ·

第 12 课

世间生物皆有灵魂

亚里士多德

·137·

第 13 课

心灵优越于身体

亚历山大里亚的斐洛

·153·

第 14 课

拒绝信仰：从未存在的认知性印象

怀疑论者

·165·

第 15 课

顺应自然的生活即美德生活

斯多葛学派

·177·

第 16 课
宇宙是由原子和虚空组成
伊壁鸠鲁

·189·

第 17 课
《物性论》(《论事物的本性》)
卢克莱修

·203·

第 18 课
灵魂与意志
塞涅卡

·215·

第 19 课
可控与不可控之物
爱比克泰德

·227·

第 20 课

《沉思录》

马可·奥勒留

·239·

第 21 课

人由身体和灵魂组成

普罗提诺

·251·

第 22 课

古典哲学的遗产

·263·

术语表

·271·

前言

在人们的设想中,"玩味"古典哲学通常是一种只有在严肃而枯燥的学术殿堂发生的活动。在今天的大学,这种对于专业性和专业知识的强调显而可见,有时会让初学者陷入一种困顿的境地:他们无法越过那些奇特、新鲜且错综复杂的概念与观点,以向前更进一步。然而,古典哲学的真正本质却远非如此遥不可及。作为一种思维方式,就其内核而言,它从头至尾都是人性化、世俗化的。它表达了作

古典哲学就我们如何生活以及如何对待我们的同伴进行发问。

有人曾说，苏格拉底把哲学从天堂带到了人间。

为人类的我们，都会关心的那些问题。不论我们是乞丐还是女王，是贫穷还是富有，是年轻还是老迈。古典哲学寻问了究竟何为真实，寻问了人类这种生物究竟为何物，寻问了灵魂是什么、是否存在；它问我们应如何生活，问我们生活的目的，问我们如何对待我们的同伴；它还问我们如何思考，是否信任自己的感官，如何能做到相信并证明我们的信仰。这些问题关注的是人性的共通点，在各式各样的文化中，人们都在用各种各样不同的方式进行着提问与回答。

本书意在借由这种人本主义的理解视角，为你创造一次与古典哲学的亲密邂逅。正如有人曾说，苏格拉底把哲学从天堂带到人间，传给了世人，本书也力求将古典哲学条分缕析地进行简化和概述。因此，本书的目的是成为深入研究的入口。当读者广泛地接触诸多思想家和思想传统之后，再去涉足更深的水域，去探索在本书所认识的哲学家，以及他们的著作，或是探索这些著作更深的层面。这样，对哲学就应该从容不迫了。就算你已经读完了这本书，它还是可以作为一套方便使用的复习材料，或者一本可以用来快速检索日期、哲学观点或术语的参考书，继续发挥作用。另外还请注意，在本书所阐述的哲学家的观点，是因为他们的影响力与知名度才入选，甚至还有一部分是基于他们自身的争议性才入选的。这么说并非是指某些观点出于某种原因不具备代表某位哲学家的典型性；恰恰相反，这是在承认，不论何种原因，某位哲学家的某些信念，总比其他信念更能引起普遍的兴趣。

本着本系列图书的精神，不论是在对单一哲学家的考察上，还是以一群典型的哲学家为观察范畴，读者都不必对本书的全面性有所期待。就此而言，有些哲学家干脆不会纳入书中。所以，这是一本浅近易读，并对诸多的哲学家进行如此简明精要的概述的书。

本书每一节课的结构都独立完整，可以单独阅读，而且读者根本不需要任何理论知识储备。除此之外，每一节课都贯穿着设计好的插图、图表和示意图，并在文中以辅助的方式被提及，读者可以清晰地解释或举例说明置于其中的观点。这就意味着，说明性文字与插图配合阅读，就是理解插图的最佳方式。

如柏拉图一样的哲学家们创造了一整个有待探索的观念帝国。

每节课的末尾都有一个要点总结，这是帮助读者理解领悟或增加求知探索欲的最佳方式，可以当作一份简要的总览，作为一种清晰的记忆辅助工具来使用。也就是说，如果你想通过概述辅助理解，或了解小结中的观点，以判断它们是否能引起你的兴趣，或者评估另一节课的哲学家是否更有吸引力，那么你都可以通过小结实现。最后，书末还附有一张术语表，可供参考和细读。

正如我刚刚提到的那样，受选材范围所限，部分课程无法对某位特定哲学家进行全面解读。记住这一点，对于后面进一步的自学尤为重要：对于相对次要的哲学家，如阿那克西曼德，书中仅用一节课就能覆盖他的全部研究领域。但如果是柏拉图这样的哲学家，那么像"阿那克西曼德"这一节课的文字体量，只能勾勒出他的哲学帝国的边界线而已。要想了解柏拉图的哲学视野，你将投入大量的时间与精力，探索他浩如烟海的文献。针对书中的这类情况，某些课程会自行呈现出更加明显的不全面性，而其他课程表现出的不全面性，也可以同样的方式理解。

最后，书中还有两张阐释了哲学家关系的图表。其中一张梳理出了师生关系；另外一张则厘清了哲学的不同流派或分支。这些内容也会在课程的完成过程中得到引用。这不仅有助于阐明哲学的影响，强调信念上的共识与争端，还点明了包括我们自己在内的所有思想者，为何绝不能完全脱离前人的所信与所想。

哲学家的谱系

第一性的质直接引发与它们相似的观念。第二性的质与感觉器官、神经和大脑交互作用,产生与它们并不相似但是有系统性对应关系的观念。

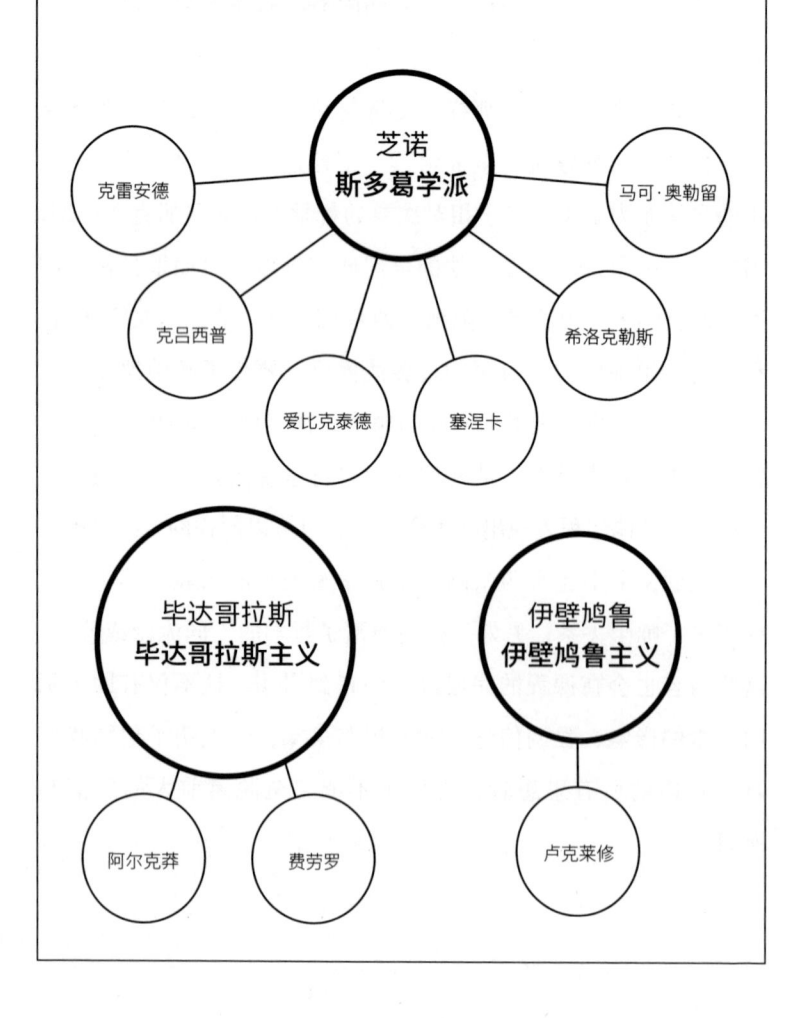

- 芝诺 斯多葛学派
  - 克雷安德
  - 马可·奥勒留
  - 克吕西普
  - 希洛克勒斯
  - 爱比克泰德
  - 塞涅卡

- 毕达哥拉斯 毕达哥拉斯主义
  - 阿尔克莽
  - 费劳罗

- 伊壁鸠鲁 伊壁鸠鲁主义
  - 卢克莱修

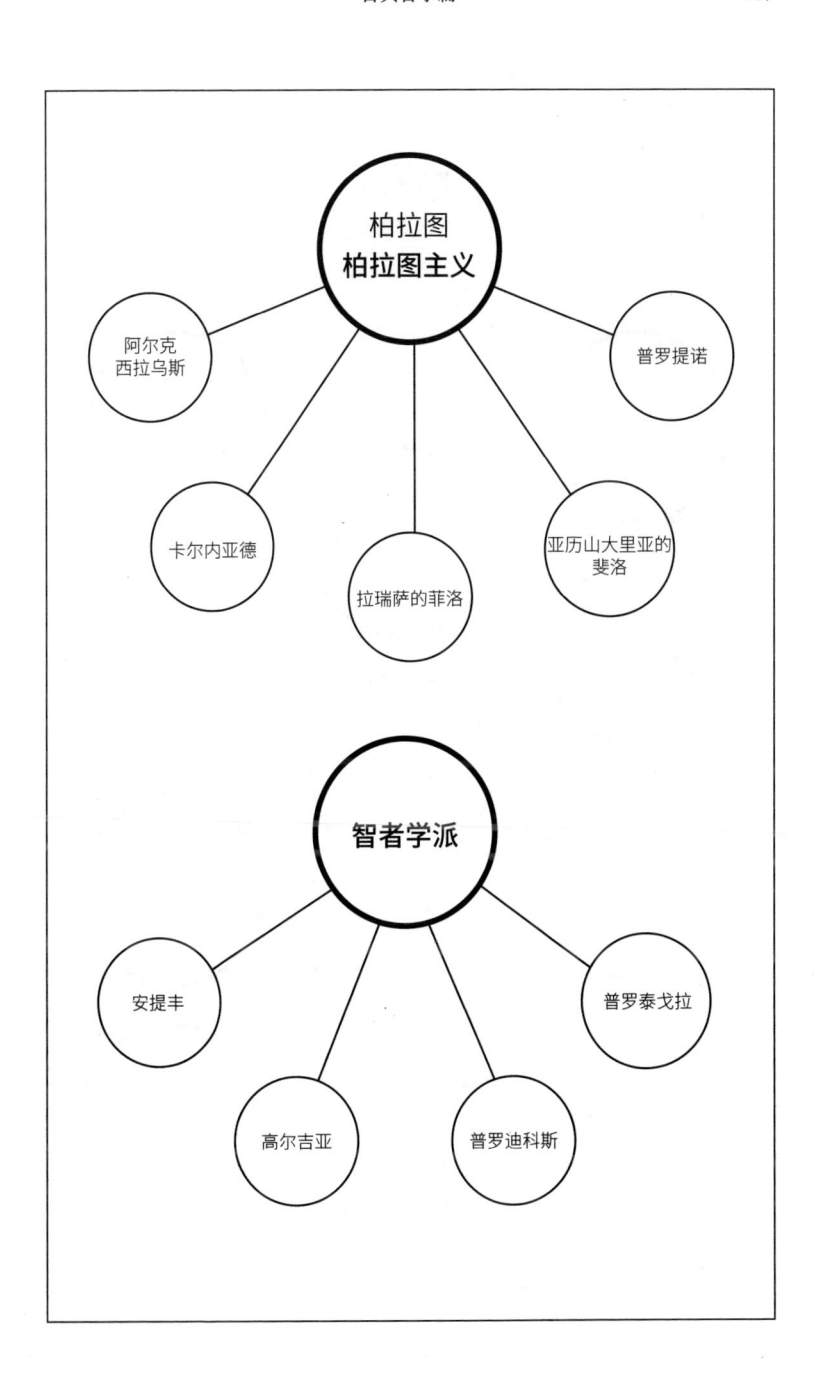

古典哲学篇

```
         柏拉图
         柏拉图主义

阿尔克                        普罗提诺
西拉乌斯

    卡尔内亚德      拉瑞萨的菲洛    亚历山大里亚的
                                   斐洛


              智者学派

安提丰                          普罗泰戈拉

       高尔吉亚      普罗迪科斯
```

师生关系

名字的上下关系表示老师在上、学生在下。

- 泰勒斯 → 阿那克西曼德 → 阿那克西美尼 → 阿那克萨戈拉
- 苏格拉底 → 柏拉图 → 亚里士多德
- 巴门尼德 → 爱利的芝诺 → 留基波 → 德谟克利特

第 1 课

什么是古典哲学？

简 介

本着本系列图书的精神，"古典哲学篇"将该主题以浅近易读的方式，对古典时期重要的哲学家进行了简明的概述。其中古希腊和古罗马的哲学家数量庞大，思想范畴的差异尤其大。本书为你提供了一份关于古典哲学故事中的主要人物角色及他们迷人观点的介绍。

本书涉及的对象横跨近千年，自泰勒斯始，至普罗提诺而终。共计二十余节课，每节课包含古典传统哲学中一位或多位重要哲学人物。值得一提的是，古典哲学会因所述话题难度大，而成为一个令人望而生畏的学科。但实际上这个学科并非如此。虽然书中有很多观点最初看起来陌生而奇异，但很快就会变得

古希腊和古罗马的思想家就一系列主题展开辩论。他们通常把这些主题分为伦理学、逻辑学和物理学三类。

熟悉而亲切了。只需要把古典哲学家的观点呈现在读者眼前，便可以影响到他们对哲学的理解。

就本书的目的而言，古典哲学就是指曾在古代希腊语和拉丁语世界存在过的哲学家和哲学流派。柏拉图和亚里士多德提出，哲学开始于"惊奇"，而正是对于自然世界的惊奇，才促使最初的哲学家们开始了关于物理世界构成的思辨。

当我们把伦理学和逻辑学的研究，加入到这种对于自然的兴趣中后，我们就得到了古代世界对于哲学的三重理解：伦理学、逻辑学和物理学，这便是很多哲学家对哲学的划分。然而，古代关于伦理学、逻辑学和物理学的理解，与当代世界并非一致。古典哲学几乎对人类生活的全部范畴都展开了研究和解释，而这些范畴无论是对于古代人还是现代人而言都不陌生。通常，在探索这些话题的过程中，人们会进一步提出关于我们如何生活以及应该如何思考的主张。我们可以把古典哲学理解为一种类似方法的东西，它不需要用一套规则进行限定，反而更应该被定义为一种态度，即致力于运用人类心灵的全部丰饶资源去追寻解释、真理和意义的态度。

古典哲学是一门被整个西方都纳入学院教学的学科，通常都是从苏格拉底和柏拉图学起。虽说苏格拉底和他的学生柏拉图的确开启了哲学的一次转变，但是从知识丰富性的角度来看，更应该从先于他们的哲学家入手。这些所谓的"前苏格拉底哲学家"不仅为后续时代关注的那些问题和兴趣搭好了舞台，还提出了那些同时受到激烈辩护和坚决反对的观点。正是在这些争论的启发下，后代的哲学家才得以做出他们在知识上的贡献。由此，柏拉图把赫拉克利特的"流变学说"改装成了自己的"认识论"。智者学派看到哲学家们争论不休的漫长历史，察觉到达成某个特定结论的困难性，于是决定把注意力集中在论辩的教学之上。而怀疑论者则基于同样的信息判定表示，我们应该拒绝持有任何观点。亚里士多德在很多方面直接站在了他的老师柏拉图的对立面，其中最显著的部分就包括他的政治学和伦理学理论。

　　前面说到，只需要把古典哲学家的观点呈现在读者眼前，便可以影响到他们对哲学的理解。例如，亚里士多德认为，善良是一个人拥有幸福生活的前提。也许这听起来有点古怪，因为说到善良与幸福，我们的脑海中可能立刻就会浮现出20世纪的那几位暴君和独裁者，他们过着一种以邪恶、放纵、不公以及其他令人憎恶的行为生活，可他们也是"幸福"的。但若我们进一步地展开深思，就不难与亚里士多德的信念产生共鸣。为了获得真正的幸福，一个人必须得秉着善良的德行生活。我们至少能感觉到，如果一个人道德败坏，那么这个人理应悲惨而不幸。

当我们遇见古典哲学时，要小心那些与"辩论"和"论辩"联系在一起的现代概念，这一点十分重要。就此而言，遇见任何一种哲学都应小心思量。换句话说，我们都倾向于认为，不同的观点就是不同人格之间争论的外化表现。可是，通过仔细审视过去的哲学家，就会发现，这种印象不但错误，而且极具误导性。

古典哲学家彼此间虽存在激烈的分歧，却论事不论人。也就是说，即便有时确实会有狭隘的偏见被带入这些论争之中，但相异的观点仍会聚焦在议题之上，并不会上升至个人。同理，如果我们并没有对哲学家本人持有带着欣赏眼光的敬意，那么我们在理解他们的论说时就会出现偏差。例如，当我们遇到某些声称太阳是一碗火的前苏格拉底哲学家，或者苏格拉底所秉持的"无人有意为恶"的信念时，就很难把这些观点当真。可正是因为有一种对于这些观点的开放心态，它们才得以被人理解。如果我们不断地问我们自己"为什么曾有人相信这些？"我们就更容易带着一种同情的心态去理解。相反，如果我们在古怪的观点中去寻找其荒谬性，那么我们一定找得到。说到底，放在当代的视角下来看，这毕竟是一个古怪的观点。

研究至亚里士多德时代为止的哲学史，有这样一种方式，就是把哲学解释为一场寻找"原理"的漫长求索。哲学家们期待用这些原理解释世界的存在。这条轨迹是由泰勒斯把水作为"原质"的观念组装而成的，而后继的哲学家，不论是好是坏，都接续了这项工程，并提出了他们各自用以取代水的选项。阿那克西美尼推举的是"气"，恩培多克勒提出了"四种元素学

作为一门学科的古典哲学通常以苏格拉底为起点，但是还有一群影响深远的"前苏格拉底哲学家"在此前奉献了他们独特而富有洞见的观点。

说"和"爱与斗争"两个原则，而巴门尼德则主张"一"的统一。这些例子当然不是全部，但足以呈现出一个共享的目标，以及为了找到一种符合这一目标的目的的解释而投入的心血。当然，这与通过进步、积累和共识创造新知识的现代科学迥然相异。比如说，没有任何一个人或者一种观点能够作为宇宙的解释性原理。宇宙原理必须是某些至少在名义上是物理性的东西，才能解释物理宇宙，而且必须具有客观性，这样才能解释事物的物质构成。因此，古典哲学虽然不一定具有公开的合作性，但还是可以不无道理地指出，古典哲学是一场由社会组织的探询。

除了共同的目标之外，通常还有共同的假定。当触及一个人应该如何生活的问题时，很多论争都难免蕴生于一个共同的文化语境中。例如，很多古希腊哲学家都理所当然地认定，世上有四种美德：智慧、勇气、节制和正义，而幸福则是人类生活的主要目标。很多人还相信,既然自然为我们提供了指引,那么顺从自然的生活,就是我们不得不接纳的法则。但问题在于,说某件事物"顺从自然"究竟是什么意思呢?

以古希腊哲学家为例,同今日的当代哲学家相比,很难说古希腊哲学家彼此之间的意见更接近一致。鉴于有数千年累积的观点,可供现代哲学家们择取,他们在各式各样的话题上,都持有诸多饱经思考且彼此相左的观点,当然,这或许在情理之中。然而,还有这样一个例子值得我们用心去观察:苏格拉底虽然是个离经叛道的人,但是他在自己的法庭申辩中,并没有从根底上挑战神的存在性,毋宁说,他其实是在反对大众构想出的诸神图景。可不管怎么说,古典世界论争的基础,都是由共享的文化、意识形态和神学信仰构成,而它们发挥作用的程度却常常被人们低估。

文学背景

哲学学科在雏形初见之时,便受到了宗教与文学文化遗产的影响。毫无疑问,诸如荷马与赫西俄德这样的古代诗

像荷马这样的诗人和他们讲述的故事,
塑造了古典哲学家生活的世界。

罗马的希坡律陀的作品为我们提供了很多关于前苏格拉底思想的知识。

人，他们用自己的观念协助构建起了那个哲学家得以出现的世界。例如，荷马就说到了逝去者阴影般的灵魂与生命的无常性。在《伊利亚特》和《奥德赛》里，很多英雄被认定为道德生活的典范，后来的哲学家，如柏拉图和亚里士多德等，都在自己的著作中引用过这些范例。除此之外，讨论道德与公民生活等复

第欧根尼，生活于公元前 3 世纪，写成了最早的哲学史著作之一。

杂问题的悲剧作家们，也都为古代希腊心灵的智力发展与知识进步做出了重要贡献。

同样，宗教生活，特别是在古希腊和古罗马的模式下，也没有被教条主义的约束所限制。由此而来的结果就是，论辩与理论获得了一定的发展空间。除此之外，通常由史诗诗人和悲剧作家传播开来的神话，也是一种前哲学。亚里士多德在《形而上学》第一卷中写到了他眼中的哲学史，说热爱神话的人是哲学家，因为神话是惊奇的来源。亚里士多德没有具体解释其中的道理，但我们还可以用另一种方式来理解这句话，那就是他的老师柏拉图常把神话作为象征着更深层次的哲学真理加以运用。神话曾经或者可能是其他真理的隐喻或寓言，比如灵魂的本质、爱的意义和人类关于道德的沉思。

很多古典哲学得以持续留存到今日，得益于其时不时会通过敌对的见证者进行传播。前苏格拉底哲学家现存的成果，是尤为碎片化的，而他们的信念和言论都是由众多后来的作者引用或转述出来的。在基督降世很久以后，基督徒因为热衷于表明古代人非正统的异教性，引用了前苏格拉底哲学家和其他后继哲学家的言论。希坡律陀在他所撰写的《驳诸般异端》（*Refutation of All Heresies*）中，扮演了一个尤为重要的角色，即前苏格拉底思想的见证者。亚历山大的克莱门则在他所撰写的《杂文集》里，解释了很多古代思想家的观点，哲学家也位列其中。思想观念上的同盟者，也参与保存了这些思想与观念。例如，只有后期的斯多葛派作者引用过早期斯多葛教师的言论，在此之外的任何一种文本中都未曾看见该言论。

曾有一位作者在他充满流言蜚语而又兼收并蓄的古典哲学选集中，搜罗了过多的批评言论，他就是第欧根尼。第欧根尼生活在公元前3世纪，汇撰了一部十卷本的哲学史。书中出现的很多事实和证言，都没有在其他地方出现过。然而，不管出于什么原因，第欧根尼并没有总表现出一种对哲学细微之处明辨毫厘的精神。因此，一部分学者对于第欧根尼为我们保留的大量内容而感到欣喜，仿佛在书中看到了丰富的资源；另外一部分学者则对他的著作颇感失望，认为它既不充分，也不值得信赖。

在进行阐释过程中遇到的困难之一，就是判定这些文本的可信度。我们可能会收集一些哲学家语录和个人历史，而选择理由是它们所带来的话题热度。尤其是一些脱离语境征引的古怪言论，可能就是古代人口耳相传的精挑细选过的小道消息。还有一种担心是，敌对的动机会在塑造作者们的形象时，掺入一些不利因素。虽然如此，如果我们能利用多重资源还原零碎不全的作者形象，同时运用整体阐释的方法分析哲学家，那么以上这些担忧都会获得一定的缓解。

总而言之，要想获得关于古典哲学最广泛的认知，就应该时刻牢记思想发展的进程和广度。有些作者可能更吸引人。同样，还有些作者可能比另外一些也更容易理解。如果想要对古典哲学的构成形成感知，那这本书会是一个不错的开始。

第 2 课

解释自然的哲学家

泰勒斯、阿那克西曼德和阿那克西美尼

泰勒斯（约公元前 624 年—公元前 547 年）是有记载以来的第一位古希腊哲学家。他和另外两位来自米利都的哲学家——阿那克西曼德和阿那克西美尼，被合称为"米利都学派的前苏格拉底哲学家"。米利都在现今的土耳其境内，前苏格拉底一词则表示他们是活跃在苏格拉底之前的哲学家。在公元前 6 世纪，即泰勒斯所处的时代，米利都是坐落于希腊文明边界的一个城邦。我们之所以得出这个日期，是根据他曾预言过的一次日食。那次日食发生在公元前 585 年。这则关于日食的预言，曾被承诺在一年之内实现，后来它也真的实现了，并且

■ 早期前苏格拉底哲学家的原理

哲学家	宇宙的原质（始基）
泰勒斯	水
阿那克西曼德	无限定/无界
阿那克西美尼	气

戏剧性地发生在米底亚人和吕底亚人之间的一场战役中。

非凡的哲人

结合泰勒斯的日食预言，他可能不像我们对古代哲学家的刻板印象，即纯粹的理论化。事实上，他更像是一位哲人，或者一位全能的知识分子。在从古至今流传的几则逸事中也能看出这一点。

在传统的说法中，泰勒斯被描述为古希腊哲学家第一人。

关于泰勒斯，最有名的故事与他的天文学凝思有关。柏拉图讲述了一个女奴隶指责泰勒斯的故事，因为泰勒斯在仰望天空时掉入一口井中。女奴隶斥责这位心不在焉的哲学家，说他急于寻找天上的秘密，却没有留心自己的身后和脚下。古希腊语中表示"后"的词"opisthen"同时也有"未来"的含义。女奴隶以此暗示了泰勒斯虽然可以预言天上虚无缥缈的未来，却看不到发生在他身后土地上的显见事实。时至今日，哲学家们还经常被指责只专注于自己关心的抽象问题，一旦涉及实践层面，便束手无策。

为应对这些指责，泰勒斯决定利用自己的天文学知识，预言一场即将到来的成熟橄榄大丰收。抱着对回报的预期，精明的他买下了所有的橄榄榨汁器。当丰收日来临时，垄断橄榄榨汁器市场的泰勒斯赚了个盆满钵盈。

极具创造力的思想家,常常会卷入战争。古希腊历史学家希罗多德描述了泰勒斯是如何指导克利索斯的军队挖掘了一条巨大的沟渠,将河水改道从军队后方流过,以此帮助军队跨过了哈里斯河的故事。在另一则故事中,泰勒斯在估算金字塔的高度时,展露了他的几何学知识。据说,他正是把几何学引入古希腊的第一人。他的几何方法既简单明了,又不掩其天才之处。首先,他观察到一天之内自己的影子与实际身高的等长的时刻,然后在一天中同一时间,测量金字塔的影子。利用这种方法,他精准地估算出与之等长的高度,而避开了测量陡峰的难度。

泰勒斯因为自己对尘外之事的关注而被奴隶指责,有一次,他甚至因为望天而不看路,掉入了一口井中。

泰勒斯买下了所有的橄榄榨汁器,借助他关于季节的知识收获了不菲的利润。

第一位解释自然的哲学家

回到哲学家身份的泰勒斯,我们会注意到,他是第一位

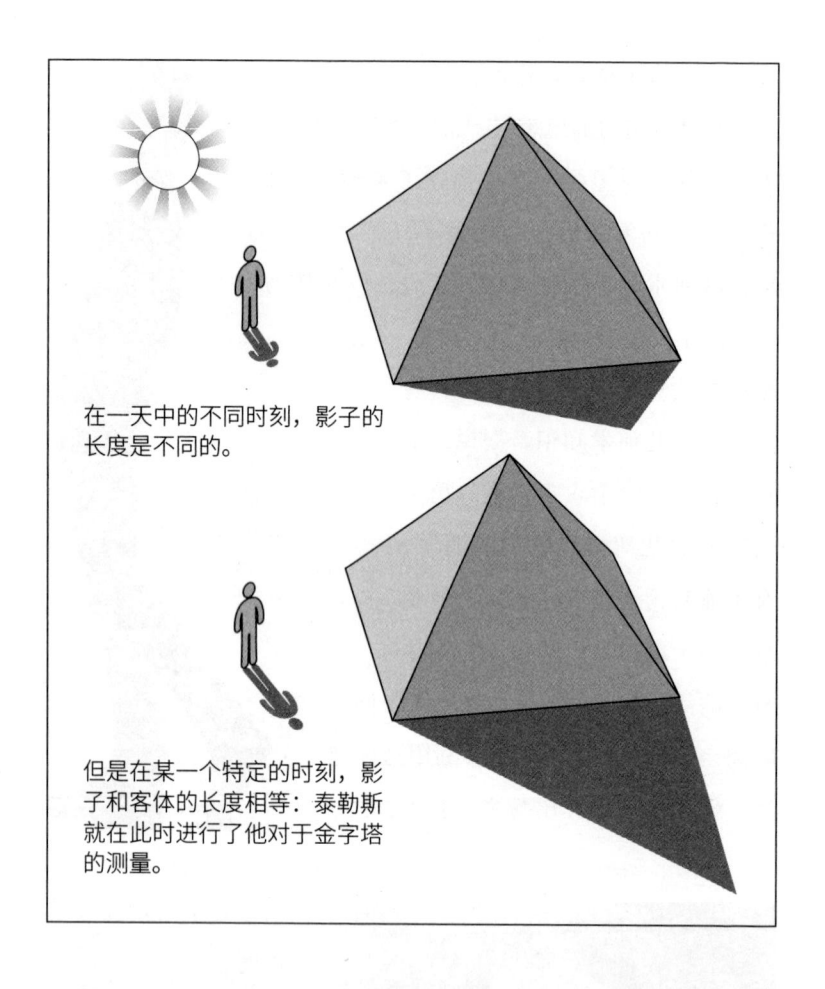

在一天中的不同时刻，影子的长度是不同的。

但是在某一个特定的时刻，影子和客体的长度相等：泰勒斯就在此时进行了他对于金字塔的测量。

规避了用神话的方式解释物理世界的思想者。事实上，"物理"（physics）这个词来源于古希腊语中的"physis"一词，其词义就是自然。而且，泰勒斯也正是作为最早的"physikoi"，或称"自然的探询者"，如此才为自己赢得了哲学上的声望。如我们即将看到的，前苏格拉底哲学家们试图呼吁用单一始基（arche）或多种始基（archai）来解释世界。

始基这个词是很难领会的，它曾是一个古代哲学家使用的术语，用来描述他们各自心目中用以解释世界存在方式的最佳词语。随着我们结合他们各自的始基研究了更多的前苏格拉底哲学家，这个术语会变得越来越清晰。眼下，我们不如把始基看作一种关于世界为何如此存在的解释原理或者基本原因。

作为解释原理的水

泰勒斯的始基是水。乍一看，将水作为某种对于宇宙的解释似乎很奇怪。然而当我们更仔细地考虑之后，就跟很多始基的情况一样，水确实具备几个合适的特征，能够解释为什么它有可能是这个世界的基本原理。亚里士多德推测，泰勒斯偏爱水，是因为生命之物看起来都来自湿润的东西，因为就连作为生命终极起源的种子，本身也是潮湿的。此外，我们还可以补充说，水可以随时变成冰和蒸汽的这种现成的质变性，这一无休止的循环现象，可能暗示着水具有一种不同寻常的活力与弹性。

如果考虑我们对于水的依赖性，可能就会认为它是生命真正依赖

泰勒斯相信，地球浮在一片巨大的海域之上，只不过他从来没有解释过这片海的依托之所。

的唯一因素。水无处不在，又具有维持生物生命的能力。可能正因如此，泰勒斯才会说，即使是没有生命的物体，也拥有灵魂，并宣称"万物中皆有神在"。泰勒斯还相信"地球浮在水面上"，亚里士多德曾指责过他的这个臆断，指出它从未提出任何解释说明水浮在何物之上。

阿那克西曼德

阿那克西曼德（约公元前610年—公元前545年）是泰勒斯的学生，同样生活在米利都。一本收录了古希腊名人传记信息的古代词典《苏达斯辞书》中记载了他的著作——《论自然》《地球的时期》《论星辰》《球体》等。像他这一类的早期前苏格拉底哲学家，都会同时关心天文学与气象学，以及后来被更准确地定义为哲学的内容。

阿那克西曼德在哲学上最为重要的贡献是"无限定"的观点，他以此作为解释事物本质的始基。

"无限定"

如同泰勒斯一样，阿那克西曼德也是一位 physikos[1]，即自然的问询者，而且他也提出了用来解释事物本质的始基。泰勒斯的"水"明晰可见，而阿那克西曼德的始基则不一样，是"apeiron"。这个古希腊词语可以翻译成"无限定"(the Indefinite)、"无限"(the Infinite) 或"无界"(the Boundless)。

阿那克西曼德主张"无限定"是物质的因由，这是在有意地挑战泰勒斯对于水的偏爱，也是在反对任何一种可能作为世界的因果性解释的候选项。当然，"无限定"的无限定性把评论者们引向了关于"无限定"本质的不同观点之上。一种解读是"apeiron"意在排除一种空间上有界的感觉，而另外一种思路则认为，阿那克西曼德关注的焦点是一种生成一切存在事物的能力。此处的观点是，虽然严格来讲，"无限定"就其本质而言不属于任何一种事物，但是它却能通过某种方式呈现或产生很多（如果不是全部）事物的本质。后来的作者在引用阿那克西曼德有关"无限定"的发言时，还追加了一点，说它是不老的和永恒的。

亚里士多德告诉我们，阿那克西曼德相信"无限定"与土、气、火、水这四种元素截然不同，而很多古代哲学家在解释世界秩序时都纳入了这四种元素。正如亚里士多德解释的那样，这种区分很重要。例如，气[2]是冷的，而火是热的，但因为它们

---

[1] 前文为 physikoi。——译者注
[2] 此处疑有笔误。前后文分别是 air 和 water，但是根据论述逻辑，这里应该说的是同一种元素。——译者注

彼此对立，相互排斥，所以"无限定"就不能是水。如果是那样的话，火就永远都不会出现，因为水会浇灭它，阻止它的发生。出于这种原因，亚里士多德把"无限定"解释为某种居于两种对立物之间的东西，如水与火。作为一种中间物，它解决了一种元素在其对立物在场的情况下如何得以出现的难题。

对立物

当世界的事物被创造出来时，对立物就从"无限定"中区分了出来。阿那克西曼德是最早使用这种对立物概念的哲学家，后来的前苏格拉底哲学家在应用对立物概念时，又各自给出了不同的见解。在阿那克西曼德这里，这个概念被包装在了关于正义与不公的诗意语言中。这种语言意在阐明一个观点，即当我们的思想存在两种对立面时，就像冷与热一样，冷的出现是以热的消退为代价。也就是说，当冷出现时，热便不复存在。可是当冷出现的条件逐渐生成时，还会同时出现一种"互利"，即当冷取代热时，随之而生的"正义"。

阿那克西美尼

阿那克西美尼（约公元前588年—公元前524年）是阿那克西曼德的学生，正如阿那克西曼德曾是泰勒斯的学生一样。他的始基是"气"，并以此同泰勒斯和阿那克西曼德一起创造了前苏格拉底哲学丰厚传统的根基。

世界

正如泰勒斯一样,阿那克西曼德同样就世界的宇宙学进行了猜想。他说,地球创造后,有一个火球围绕着它,就像"一棵树四周围着的树皮",这团火碎裂开后,形成了太阳、月亮和星星。如这个观点所述,阿那克西曼德还确信地球是一个圆筒,他还用一幅古希腊圆柱图像来描述地球的形状,指出人类生活在地球圆柱的平顶上。

阿那克西美尼认为气是宇宙的指导性原则。

阿那克西曼德与泰勒斯的观点截然不同。阿那克西曼德主张地球不依赖于任何一种物质以维持稳定,比如水。相反,地

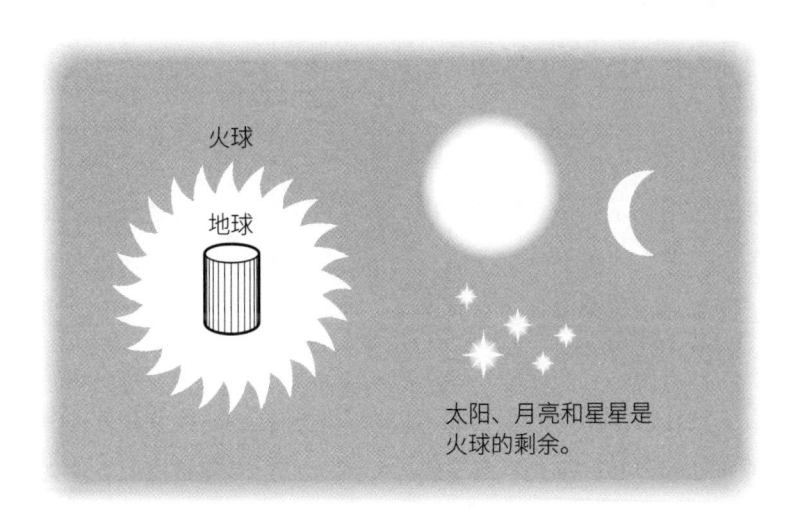

太阳、月亮和星星是火球的剩余。

球是通过"平衡"来维持现在的位置的。这种解释看上去同时取决于平衡性和必然性。然而，也许是受到泰勒斯关于水的猜想的启发，阿那克西曼德认定，最早的动物是从水中来的，这意味着地球拥有巨大体量的水。他还猜测，人类的诞生来自于一种类似鱼的生物，这类生物孕育并生下人类。

阿那克西美尼延续这些前辈的传统想法，认定气是事物得以存在的始基。这就不用奇怪很多古代作者都曾记录着阿那克西美尼为气赋予了神性。气虽然不是一位常见的神，但是就像泰勒斯的水和阿那克西曼德的"无限定"，阿那克西美尼相信灵魂就是气，正如古希腊语里"pneuma"一词同时表达了呼吸和空气的意思。我们的灵魂，作为一种特定的气，是一种我们身体之内的秩序原则，同理，气也是这个世界的秩序原则，控制着整个世界。

在阿那克西美尼的概念中，气通过一个过程来改变自己的本质，变化成其他事物。最开始是气的东西，可以通过变得更薄或更稀而变化成火。同样，通过变得更厚，气可以反过来变成风、云、空气和土，最后还可以变成一切之中最厚密的石头。阿那克西美尼还从阿那克西曼德那里吸收了"无限定"的观点，并把它用在了关于气的描述中，称气在某种意义上是没有限制的。阿那克西美尼声称，所有的事物都可以由气变化而来，要么就是变得更厚密从而显得更冷，要么就是变得更稀薄而显得更热。运用这种观点，阿那克西美尼不仅可以解释例如云朵和石头这样明显不同的事物如何得以同时出现，还能解释其他种种质性的差异。于是，所有的差异都可以用一种相似的说法言

作为其他事物解释的气

更稀薄　　　　　　　　　　　　　　　　　　　更厚密

火 ← 气 → 风 → 云 → 空气 → 土 → 石头

明：万物实则皆为气，不是这一种气，便是另一种气。

这种现象最明显的两个例子是火与冰，但阿那克西美尼却天才地将呼吸作为证据。他说，当我们透过紧密的嘴唇进行呼气时，呼出的气有凉爽的感觉，因为它被凝缩了。但当我们张开嘴吸气时，我们的呼吸是热的，因为它被稀释了。

阿那克西美尼还依据米利都人的习惯，发表了关于天国的见解。在阿那克西美尼的比喻中，天体，包括地球本身以及太阳和月亮，都是扁平的，它们就像洞口的盖子，御气而行。阿那克西美尼能够借助气，解释如气象和地理等不同的自然现象。当空气凝结时形成云，继而又引向一个倾泻而下的凝缩过程，先是降为雨，接着就是雪，最终形成相对更密集的物质，落为冰雹。

而之所以发生地震，是因为水稀缺或过剩，这两种情况分别导致地面上的土壤变得干燥而龟裂或湿透而脆弱。古希腊的哲学家们普遍展现出一种对于寻求解释的内在的好奇心和满足感，尤其是他们试图从整体解释周遭世界的事实。例如，阿那克西美尼很简单地把彩虹描述为一块厚密的云对于太阳光线的抵抗。

◎ 要点总结

- 泰勒斯生活在公元前 6 世纪,被认为是第一位哲学家。作为最早的"physikoi"或自然的探询者,泰勒斯将解释从神学或神话转向自然,从而获得了他在哲学上的声望。
- 泰勒斯提出,因为水无处不在,能够维系生物的生命,并具有明显的动态和弹性,因此水是始基,即世界的解释原理。
- 阿那克西曼德为世界找到的解释原理是"apeiron",即"无限",如冷和热这样的对立物正是来源于此。而且这些对立物表现出的显在循环本质,则被描述为正义与不公。
- 阿那克西美尼提出,圆柱形状的地球通过平衡维持位置,而来自它周围的火球的剩余部分,衍生出了其他天体。
- 阿那克西美尼相信,灵魂是一种气,而基于灵魂独特的治理者属性,他又把这种动态性赋予气,提出气才是那个解释性的原质,当它凝结或稀释的时候,便会形成其他元素,如水、火、冰。

第 3 课

对宇宙的基本阐释
阿那克萨戈拉

心灵

阿那克萨戈拉（约公元前 500 年—公元前 428 年）在古代以博学多才而闻名，据称是著名政治家白里克里斯和伟大历史学家修昔底德的老师，甚至还指导过苏格拉底。还有人说，阿那克萨戈拉是阿那克西美尼的门徒。他得到了一个带有轻蔑意味的绰号——心灵，而心灵恰巧在他的哲学里扮演着一

阿那克萨戈拉教导过很多古希腊历史中的伟大人物，包括白里克里斯、修昔底德和苏格拉底。

个重要的角色。阿那克萨戈拉的死因有多种说法，其中一种称，因为他相信太阳是熔化的金属，而这一观点挑战了太阳的神圣性，因此他七十岁时，在本人未出席的情况下受到了审判，但阿那克萨戈拉宁愿死也不肯入监狱。据称，阿那克萨戈拉说自己早在很久以前就被自然判处了死刑。而且有关他的几则逸事都表明，他对于坟墓漠然无畏。但当他遭遇儿子的意外夭折时，他却说："我早就知道自己所生的孩子终有一死。"

阿那克萨戈拉对于死亡所持的冷漠态度人尽皆知，而这种情感也渗入到欧里庇得斯的一出戏剧之中。

据说，阿那克萨戈拉的这种情感，最终敷衍出古希腊剧作家欧里庇得斯的一出悲剧。他曾打趣道，死亡有两种排练方式，一种是在出生前，一种是在入睡后。在阿那克萨戈拉的弥留之际，当有人问他想不想回到家乡克拉佐美纳伊时，他说没有必要，因为一旦要通往冥界，那么每一条路终点都一样。也许正是缘于他的这种悲观主义，才会不可避免地被问：为什么人会更愿意活在世上，而不是从未降生？他回应：那是为了观察天空和宇宙的秩序。对于阿那克萨戈拉而言，生活的目标就是观察，自由也由此而生。

宇宙的构成

关于宇宙的本质，阿那克萨戈拉持有一套不寻常的理论。他

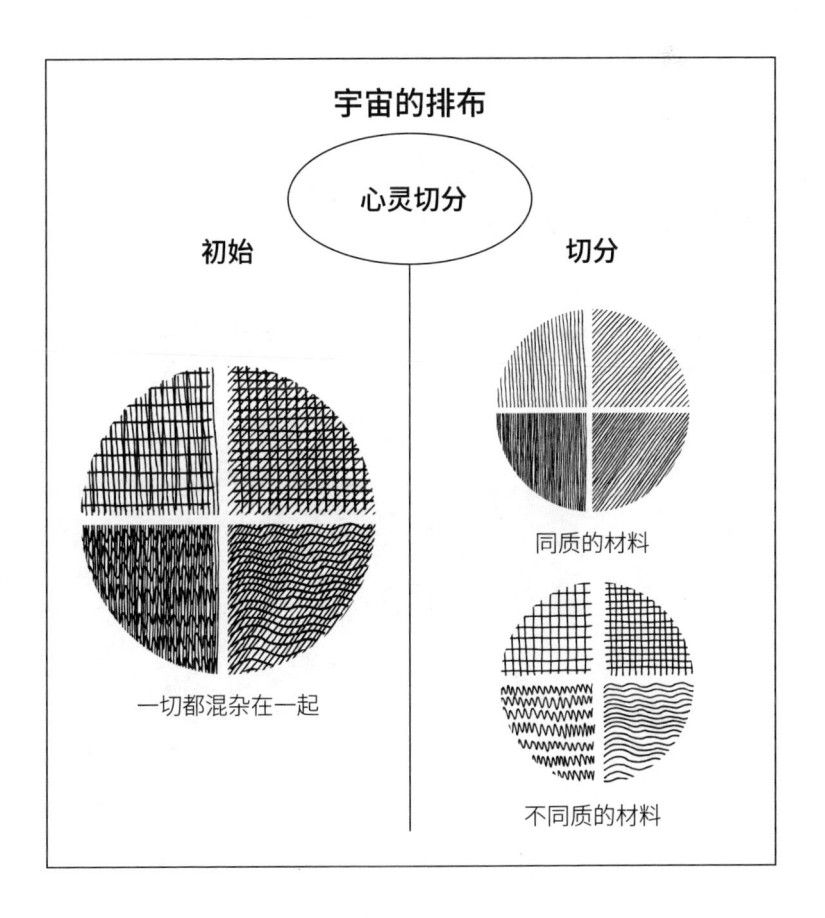

宇宙的排布

心灵切分

初始 | 切分

一切都混杂在一起

同质的材料

不同质的材料

■ 何为主导便以何为名

黄金	
14K	↓ **更接近纯金**
18K	但是纯度最高的黄金也不是 100% 的纯金
24K	

把事物的归属分为两种：要么是同质的，或者说同属一类；要么是不同质的，或者说是混杂在一起。我们可以把这些事物称为"材料"。同质的"材料"既未曾从无到有，也绝不会被毁灭，它就是存在着。阿那克萨戈拉相信，在宇宙的初始，一切都混杂在一起。他称这种物理的材料是无限制或无限的。后来，出现了一个大分割，自那时起，事物才开始拥有各自不同的名字。

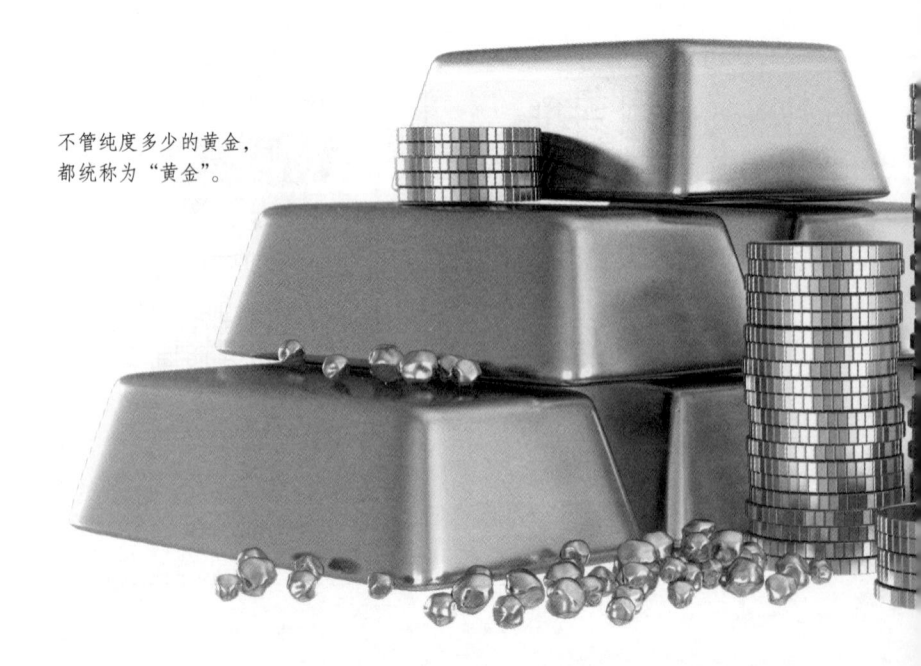

不管纯度多少的黄金，都统称为"黄金"。

尽管出现过一次某种形式的切分，可事物还是处于混杂在一起的状态。在每样事物的混杂体中，什么占据了主导的地位，这个客体便以什么命名。黄金就是摆在我们眼前的例子。作为首饰，黄金以纯度的水平作为其特征，种类包括但不限于14K金、18K金和24K金，虽然种类繁多却都叫黄金。

生活的沙拉

事实上，混在黄金里的杂质不论是铁还是沉积物，我们都称其为黄金。而对于阿那克萨戈拉关于事物混杂在一起的构想，还有另外一种解读。传统的解读是，同质物与非同质物混杂在一起，比如前文的黄金例子。另外一种解读，即实际上主张的是，宇宙里的事物难解难分地相互纠缠，就像各种蔬菜共同组成一盘沙拉。

再回到传统的解读上来。后来的一位评论者指出，阿那克萨戈拉之所以会形成他的理论，很可能是基于两点原因。第一点，归于万物皆有源的观念。即，先有某个作为开始的东西，这样第二种东西才能随之产生。阿那克萨戈拉相当执着于这种观念，以至于他曾说，从无到有就是一个混杂的过程，而毁灭也只不过是那个混杂物的分解。第二点原因是从实例中得出的，比如人类精液的案例。在精液里面，一定暗藏着少许头发、指甲、骨头、皮肤、血液等，这样它才能与卵子结合孕育出婴儿。这位评论者肯定在心里推想过，如果不是这样，那么从精液这种与人类形态完全不同的东西怎么可能产生人类呢？

阿那克萨戈拉总结说，次级东西中总是残留着更多的东西。

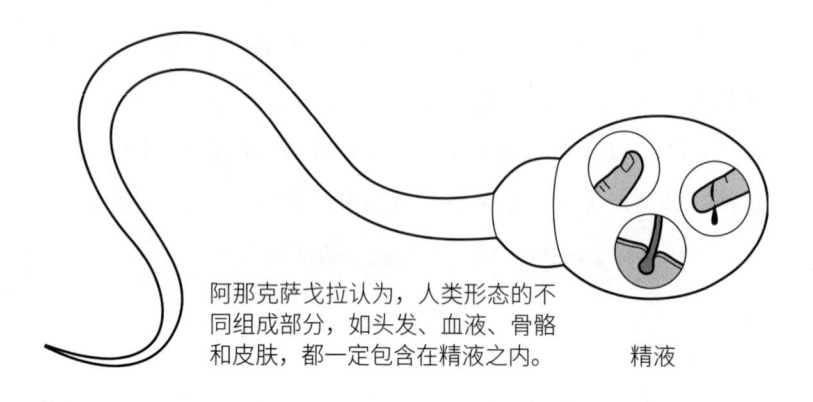

阿那克萨戈拉认为，人类形态的不同组成部分，如头发、血液、骨骼和皮肤，都一定包含在精液之内。

精液

他观察到，事物是从各种各样的其他种类事物中诞生的，比如树从土里诞生，人类从精液里诞生，苍蝇（看起来）从尸体里诞生，诸如此类。阿那克萨戈拉坚守着万物皆有源的信念，并提出了一个假设，即在每一种材料中，必然混杂着不限量的其他材料。也就是说，在肉里有奶酪，奶酪里有许多石头，石头里有水，如此往复，永无止境。

一位后世的古罗马哲学家卢克莱修（见第十七章），为揭露这套学说的荒诞性进行了一个想象，当我们在磨轮下碾压玉米时，如果阿那克萨戈拉说得对，那么我们就应该期望看到一点儿血或者任何一种除了玉米之外的东西出现。可是我们能看到的始终只有玉米而已。阿那克萨戈拉的论点，更确切地说，是没有最小，只有更小；没有最大，只有更大[1]。曾有一位解读者称，这是为了给混杂物确定成分的上限和下限。

出于简化的目的，我们可以想象，你在一团黏土里塞了几

---

[1] 原文是 never a larger, but always a largest。疑有误。——译者注

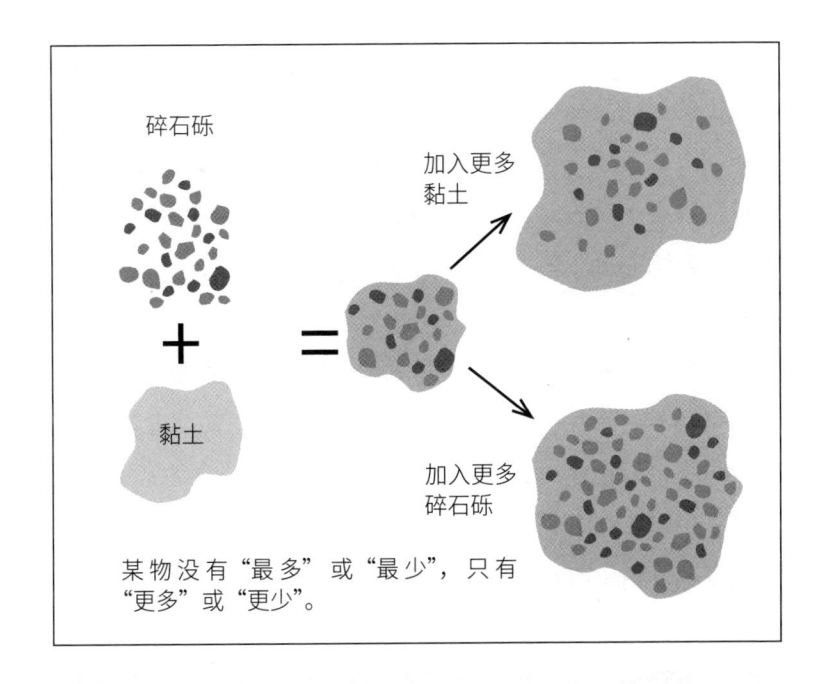

某物没有"最多"或"最少",只有"更多"或"更少"。

个豌豆大小的碎石砾。然后你又添加了更多的黏土,让其变得更大,但是永远也到不了最大,如果你拿走一些最初放进去的碎石砾,那么就可以使碎石砾变得更少,但是你永远都不能得到最少的量,因为即使你能把碎石砾全部取光(阿那克萨戈拉不会认同这样的事),这也不算是最小量的碎石砾,因为取光是根本没有碎石砾。

心灵的作用

阿那克萨戈拉所认定的另一种原则,是一种自治而且独立的原则,名为"心灵"。它与组成宇宙的物质材料具有同等的重要性。心灵或理智(古希腊语为"nous")是支配者,在初始之时，为一切事物排序，并把它们切分开来。心灵通过一种字面意义上的旋涡运动促成了这件事的发生，而万事万物又以这种旋涡的方式持续地在彼此间进行着切分。不但如此，心灵还是所有事物中运动的起因，同时又没有任何一种存在之物能以任何方式影响心灵。这种由心灵引发的运动，无他，正是前文所提的切分。

可能是夜晚的星空中肉眼可见的旋转启发了阿那克萨戈拉，让他想到了一种由旋涡而引发切分的想法。这里需要理解的是，心灵与宇宙的物理构成是完全独立的，是它引发宇宙成为现在的样子。阿那克萨戈拉的心灵理论收获了跟他的物理理论同样多的批评。柏拉图和亚里士多德都因为这一点批评过他。亚里

阿那克萨戈拉关于日食的解释与现代科学的证明惊人地接近。

士多德还曾指责道，阿那克萨戈拉懒惰地把心灵的概念当成了一种"无敌的神力"（deus ex machina），卖弄不休。

阿那克萨戈拉把他的理论应用到事物的物理性解释上。例如，他曾说彩虹是云中的太阳的倒影。他把彩虹看作一个倒影，通过将其理解为太阳和云的一种混杂物，在自己的哲学系统内部为这一现象寻得了解释。同那些前辈一样，阿那克萨戈拉也为地理和宇宙现象提供了自然主义的解释。如，扁平的地球骑乘于空气之上，而地震就是地球下面这团空气紊流的结果。他还在这些解释中做出了理论化的尝试，这些常识在今天听起来可能比较熟悉，比如：日食是一种天体挡在地球和另一种天体之间的结果；太阳和其他恒星散发的热量之所以感觉不到，是因为它们距离我们太远，而月亮距离我们比太阳更近。

◎ 要点总结

- 阿那克萨戈拉关于宇宙的基本解释可以归结为两种原则，即物质材料和心灵。
- 阿那克萨戈拉提出：最初，万事万物都混杂在一起，而这种材料是无限的。不管你从中取出多少，总有更多的材料在其他材料的内部可以提取。
- 在材料完成大切分后，事物仍然是混杂着的，而哪种材料占据了主导，就会以哪种材料命名。
- 阿那克萨戈拉为天体现象提供了自然主义的解释，包括日食、太阳和恒星发出的热量以及它们与行星之间的距离，而且常常与我们现代的科学解释有惊人的相似性。

第 4 课

火、气、土和水四元素

恩培多克勒

恩培多克勒：自然与宇宙

据悉，恩培多克勒（约公元前493年—公元前432年）的诞辰稍晚于阿那克萨戈拉。他身处一条贯穿身前身后而延展开来的哲学脉络之中，除了医药学之外，也围绕自然和宇宙进行写作。恩培多克勒同其他古代哲学家一样，创作哲学的方法同样是运用诗歌的韵律，虽然这在当代哲学中并不常见。恩培多克勒

恩培多克勒就自然与宇宙的话题展开了广泛著述。

留存至今的诗歌片断来源于两部著作,《论自然》和《洗心篇》。

在《论自然》这首诗结尾处仅存的几个片断中,恩培多克勒似乎承认了一种神的存在。这种神与必朽的生物形成了鲜明的对比;恩培多克勒认为必朽的生物只不过是随机生理组件的堆积而已,而神则既不具备人类的特征,也没有植物的枝干,还没有任何类似生殖器或种子等生理繁衍模式。但是,这种神是否是宇宙,或者,它与宇宙有何种关系,这些都并不明朗。

四种"根"或物的元素

恩培多克勒信赖感官于其作用范围内的可靠性,对于感官的知识深度和局限性,恩培多克勒也有很清醒的认识。恩培多克勒是第一位提出四种元素的人,并将这四种元素称为"根":闪耀的宙斯、承载生命的赫拉、埃多纽斯和涅司蒂。不管是取其隐喻义还是对神话的挪用,这四个"根"代表着火、气、土、水。

后代的哲学家用到的正是这些相对更为平实的界定。恩培多克勒认为,气是最早被分离出来的,然后是火、土,最后才是水。

■ 恩培多克勒的元素

四根	元素	符号
宙斯	火	▲
赫拉	气	■
埃多纽斯	土	●
涅司蒂	水	≈

宇宙的循环

在由恩培多克勒命名的"宇宙循环"中,恩培多克勒说,火、气、土、水四种根分别在他提出的爱与斗争两股力量的作用下相聚和分离。

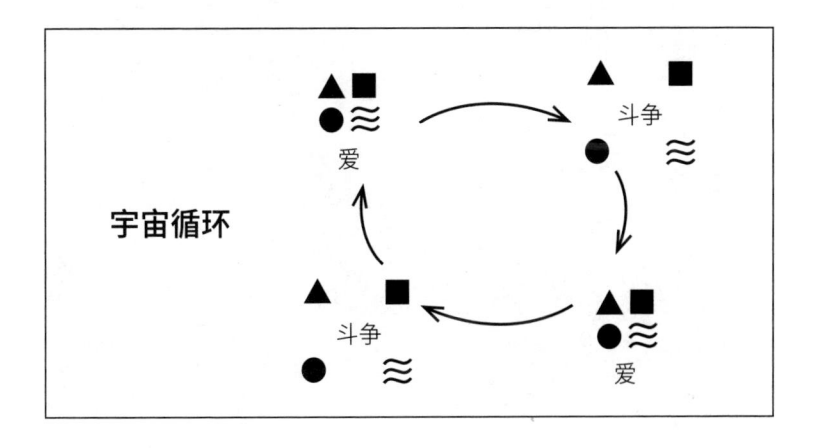

可想而知,爱,令根相聚;斗争,则迫使它们分离。这个循环具有永恒的持续性,因为尽管所有的事物都从四种根中转化而来,并随着爱的联合和斗争的瓦解而改变,但是处于这种无休止的循环状态下的宇宙循环,却永远都保持不变。"没有任何事物会从无到有,也没有任何东西会消逝",恩培多克勒对这个观点的执念与坚持,映射出了宇宙的静止性。没有任何新的东西被加入到宇宙中,也没有任何东西会被拿走,这一切不如说是土、气、水和火在爱或斗争的作用下轮流值守。

恩培多克勒乐此不疲地宣扬这个观点造成的一个后果就是:尽管生与死在表面形似对立,但这根本就不存在。在恩培多克

一幅画可能是由诸如人这样的题材组成的,甚至颜料本身也是由不同颜色混合在一起组成的——就像"根"的组合、交织而构成宇宙。

勒的构想中,表面看来创造出一个新的人类或者令一个人死亡的东西,只不过是一次短暂的宇宙迁移,是人类移向一种根的组合。也就是说,人要么在爱的作用下诞生,要么在斗争的作用下死亡。于是,当我们说某个人被创造出来时,实际上他已经以根的形式存在了。当他死亡时,还会继续以根的形式存在。恩培多克勒曾在一段话中把宇宙循环描绘为一场追逐,爱在其中追逐斗争,而在这个过程中,数不清的动物和植物的混合物涌现诞生。

关于宇宙循环，恩培多克勒还提出了一个引人注目的隐喻，他把宇宙循环比作一幅画。我们虽然可以在一幅画上看到人和动物，但事实上，他们只不过是颜料而已，通过类比的方式呼应着由根构成的现实。同样，颜料本身常常也是两种或多种颜色的混合物，比如黄和蓝混合成绿色。由此，恩培多克勒形象地说明了根的混合物组合而创造出我们宇宙万物的观点。

动物学和生物学

恩培多克勒就动物学相关的问题也给出了具有推测性的考量。据一位古代记述者艾修斯所记，动物和植物从无到有经历了四个相连续的阶段。第一阶段，生物只是散落各处的分离肢

■ 生物产生的四个阶段

1. 分离的肢节	
2. 肢体错配的怪物	
3. 健全的动物	
4. 由性繁殖产生的健全的动物	

体。亚里士多德引用恩培多克勒的话说，此时的生物既有只有脸而没有脖子的，也有只有脸而没有眼睛的。第二阶段，这些肢体在偶然的排列下，奇妙的怪物诞生了。第三阶段，他所定义的具有健全性质的动物出现了。第四也是最后一个阶段，动物不再作为这四种元素混合的结果出现，而是在某些因素的作用下降生，这些因素或影响内部，如消化食物；或是影响外部，如动物在交配和繁殖过程中的"混合"。

在对这种生物学展开批评的过程中，亚里士多德也对恩培多克勒的理论进行了描述，这听起来很像一种自然选择的原型，与达尔文在数千年后提出的构想也颇为类似。那些由正确的肢体器官准确组合在一起的生物，非常幸运地生存了下来，而那些由各种各样不同的部分错误地组合在一起的生物，则没有这么幸运。按照恩培多克勒的说法，过去曾存在过头两边各长一张脸的生物，此外还有无法繁殖的雌雄同体生物、长着人脸的公牛等。

恩培多克勒还在其他地方提到，头发、叶子、羽毛和鳞片都是同一种东西。他还反驳了一个观点，即一具躯体的各部件都是以某种方式精心排布而成的。也就是说，那些被我们称为羽毛的部件，同样有可能出现在人类身上，而那些我们称为头发的部件，同样有可能出现在鸟的皮肤上。在这种情况下，人类和鸟类的生活方式无疑会发生改变，但是作为部件的头发和羽毛足够相似，两者互换后只会带来功能上的变化。事实上，我们还可以预料到鸟类和人类都有头发或者都有羽毛的情况。这种在结构上相似的不同特征，出现在不同的动物身上，由此，恩培多克勒强调了偶然性在动物身体部件构成上发挥的作用。

转世

尽管恩培多克勒的哲学较明显地倾向于随机的偶然性，但是他的转世学说还是突出了爱与斗争在宇宙学和生物学中扮演的角色。如果某个人犯有谋杀罪，就必须花三万年的时间，不断循环往复地转生为各种各样的必朽生物，感受它们艰难的生活。

恩培多克勒说，这种行为是把一个人的信任托付给斗争，而斗争是疯狂的。由此可以推断，他意指，一场谋杀创造的是分离，也就是把另一个人从其余的造物中分离出去，或者说随着尸体腐烂，他的身体各个部件也将各自分离。这同时也表明了，人类不受偶然性摆布，因为我们有机会去追求爱，背弃斗争，至少在选择是否谋杀这个有限的场景下是如此。

当然，借助转生，谋杀还可以推广到人类范畴之外。一个令恩培多克勒哀叹的事实是，他竟没有在第一次吃肉之前被消灭。恩培多克勒在承认自己的转生时说，他的前世曾是男孩、女孩、灌木、鸟和鱼。根据对自己罪行的猜测，他绘制出了一

恩培多克勒称，他在前世曾作为一个男孩、一个女孩、一丛灌木、一只鸟和一条鱼而生活。

幅惊人的画面。在他的想象里，一位父亲即将杀死一只需要牺牲的动物，可他不知道的是，他即将杀死的这只动物，是他转世而来的儿子或父亲，而且他也拒绝承认，那只动物因恐惧而发出的可怕嘶鸣，其实是对自己的亲人发出的哀号。

视觉和感知

恩培多克勒提出了一个关于视觉的理论，后来又将这一理论拓展到所有的感官，并经由柏拉图和其他转述者被我们所知。恩培多克勒相信，每一个存在的事物，都有一种外射，或外流。在适当的感觉器官内部，都有洞，这些洞如果形成适当的尺寸和形状，就能够接收这些外射。随之带来的影响就是，我们只能通过耳朵感知声音，而有些事物因为太过明亮所以看不到，或者因为太小而无法触摸，比如空气就无法触摸，因为它们散

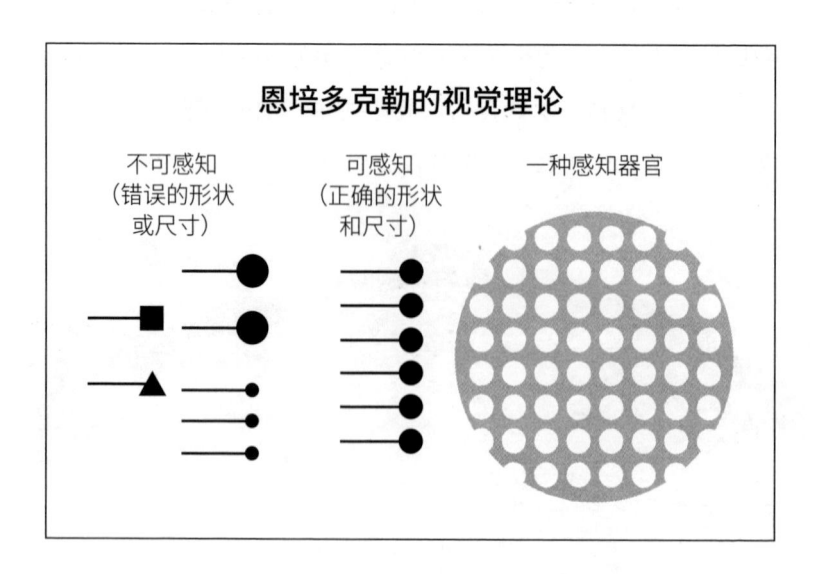

恩培多克勒的视觉理论

不可感知　　　可感知　　　一种感知器官
（错误的形状　（正确的形状
或尺寸）　　　和尺寸）

发出的外射不适合进入我们身体内的感知洞。

我们可以直观地看到这种感知理论,与恩培多克勒的生物产生理论之间,存在着密切关系。对于动物而言,适配的肢体,以及对于感知而言适配的外射,都依赖于偶然性,从而获得成功的成果。

在一种更为抽象的层面上,这种感知理论依赖的是"通过相似而相似"的观点。恩培多克勒还把这种观点应用在了他的思想上。这里表达的意思是,不但每个感官中用于感知的洞必须与正在感知之物相似,而且在眼睛中还必须有一种光(火)源,使其感知光的颜色;在耳朵里有某种声源,使其感知声音。

关于这一理论,恩培多克勒甚至推演得更具体,他直白地陈述道:"我们用土看土,用水浇水,用气照气,用火灭火。"关于这段话,恩培多克勒可能没有其他用意,心里只想着,我们同万物一样,都是由四种元素组成。但是,可能他也暗示了某些更为微妙、复杂的东西。在思想的竞技场内,恩培多克勒提倡的观点也是从"通过相似而相似"而来。当谈到思想时,他一定触及过类似认识或理解这样的东西,因为他还有一种主张,无知是源于"通过不像而不像"的。

◎ 要点总结

- 恩培多克勒是第一位提出火、气、土和水四种元素的哲学家，他将这四种元素称为"根"，并用希腊神祇宙斯、赫拉、埃多纽斯和涅司蒂指代它们。
- 在恩培多克勒的宇宙循环里，四种根分别在爱和斗争的作用下聚合与分离。
- 四种根亘古不变，爱与斗争的循环依次轮回，最后造成的结果就是，恩培多克勒坚信没有任何东西能从无到有或者不复存在。
- 恩培多克勒持有一种粗糙形式的自然选择论，并认为诸如动物一类生活艰苦的生物只不过是身体部件的累积。最初这些生物的身体部件是四散零落的，并没有形成完整的动物，而最终那些正确集合的身体部件，就变成了我们所定义的动物。
- 恩培多克勒的感知理论依赖于这样一种观点：可被感知的客体发出外射，然后进入我们感觉器官中适当的接收洞中，那些洞基于"相似而相似"的原理，要求接收洞必须同它正在感知的外射相似。

第 5 课

意见之路与真理之路
巴门尼德和芝诺

巴门尼德：形而上学的一元论

巴门尼德（约公元前515年—公元前5世纪中叶后期）是一位哲学家，也是一位诗人，他同恩培多克勒这样的古希腊哲学家一样，也借用诗歌为媒介，创作出了唯一的一部作品，其中大量的章节得以保存至今。同很多古希腊哲学家的著作一样，巴门尼德的这部作品也以"论自然"为题。然而，他并不是寻常大众眼中的哲学家，他的文风粗犷，哲学见解晦涩难

巴门尼德的哲学晦涩难懂、文风粗犷，却引来了很多古希腊哲学家的讨论。

解，即便在古代，也被很多人批评，但同时他的见解也鼓动起了人们的兴致。

巴门尼德的见解有时被命名为"形而上学的一元论"。简单来说是指，现实的根本性质是单一和统一。这样一来，我们就很容易理解巴门尼德对于持有相反见解和说法的那些人的批评了。那些人说世上有很多东西，能从无到有而生，也会消逝不在，而他们的所想和所言都是假象和意见而已。这其中大都包含了人类本身乃至前代哲学家提出的基本原理，如火、气或者心灵。巴门尼德认为，这世上只存在唯一的一种东西，那就是宇宙。

《论自然》的序言

在《论自然》一书中，第一段长篇内容被公认为"序言"。

巴门尼德通往夜与日之路的大门

这则序言为巴门尼德即将传播的信息奠定了形而上又戏剧化的基调。它的开头是一段雄伟壮丽的开场白:"我乘坐的驷马高车拉着我前进,极力驰骋随我高兴,后来它把我带到天下闻名的女神大道,这条大道引导人走遍所有的城镇。"随着巴门尼德继续向前,背景的设定变得更为奇妙绝伦,太阳的女儿们引路,马儿们聪慧非凡,而巴门尼德本人则坐在一架敞篷马车里被运送向前。最后,巴门尼德被带到了通往黑夜与白昼之路的大门前,这座大门紧锁,由拟人化的"正义"看守着。

正义是一位女神,她欢迎巴门尼德,消解了他远离凡人国度后,漫漫长路所经受的恐惧。女神告诉巴门尼德,他将询问一切事物,不只有"圆满真理的牢固核心",还有"凡夫俗子的意见"。这种戏剧化呈现的表述模式凸显了巴门尼德将要发表的言论。事实上,真理同时包含了宇宙的现实与表象。

真理还是意见

在简短的介绍后,女神请巴门尼德在两条道路之间选择一条。他只能选择一条路,并将一路背负这次选择的后果。在繁复的象征化的诗歌中,这两条路本就足够艰难,如今甚至变得更加难解。第一条路对应的是真理:"存在者存在,它不可能不存在。"第二条路对应的是假象:"存在者不存在,这个不存在必然存在。"这两条路被描述为真理之路和意见之路。

在对第二条意见之路做进一步解释时,女神警告巴门尼德不要总是遵循惯常思考方式,通过勉强认同"不存在者存在"而步入大众意见的行列,这种令人费解的陈述衍生出两种领会的方式，取决于"存在"的意义如何。第一种是把它的意思理解为不存在的事物不能被说成存在。就这种解读而言，这简直就是废话。说某个不存在的东西存在，显而易见是自相矛盾；另一种解读则把"不存在者存在"这个说法阐释为"不存在的事物不是事物，因为关于这些事物我们什么都说不出来"。也就是说，在第二种选项中，我们不能说"无物"是棕色的、沉重的或美味的，也不能给它附上任何一种决定性的特质或描述，人们就是无法用这种方式来言说无物。

■ "存在"的两种意思

主体	在（IS）	举例
X	存在	苏格拉底存在
X	是 Y	苏格拉底是凡人

双头的人类

不论巴门尼德心中持有的是这两个选项中的哪一个，他主张的"存在"（is）的意义和围绕这种"存在"而展开的思考，或言说的能力之间，都有一种紧密的联系。他说，选择走意见之路，即考虑"不存在者存在"，就是要同时想出并说出不可能存在的事物。显而易见，巴门尼德想要努力说明的观点是，思考或言说是指思考或言说某物。当某物不存在时，声称自己谈到此物是说不通的；关于不存在之物，什么都不可能说的出来。

声称"无物"存在就是在明白地说出（或想到）一个矛盾：

人类是"双头"的，不断地在两种可选的道路之间撕扯，不确定要选择走哪一条路。

无物本身的意思就是它什么都不是，它不能被言说或思考。再往后退一步，巴门尼德可以说，你不仅无法言说或思考不存在的东西，而且甚至都无从得知这种无物性，因为它是不存在的。

在这场两条道路的讨论中，巴门尼德，或者不如说是代表他发声的女神，把无法决定选择走哪一条路，又或者自相矛盾地两条都选的人类描绘成"双头"形象。他谴责那些只相信经验的人，并认为这些人也应该相信他的"有争议性的反驳"的有效性。

"现实是一"

接下来，巴门尼德继续反复阐述了那条正确道路的本质，其实我们可以说，那并不是他物，就是现实，也就是宇宙本身。

他告诉我们，这条道路沿线的标志或指示揭示出，现实不是被创造出来的，它是完整的、独一无二的、不可动摇的和整体的，它不可被毁灭。

巴门尼德论证道，现实不是被创造出来的，且不可被毁灭，其原因在于，假如要使其从无到有地出现，那么就意味着它首先必须是无物。但正如他早先所论，这是不可能的。同样，它不可被毁灭，因为假若如此，现实就不再是存在，或者不再拥有存在性。因为存在就是存在，而被毁灭之后则不再存在。这种关于现实本性的论证中所含的种种约束，引导巴门尼德不乏诗意地宣称，必然性将宇宙束于有限的边界之内，四周边距等长，可将其比作一个完美的球体。

爱利的芝诺

芝诺（约公元前490年—公元前436年）是巴门尼德的学生。柏拉图有一篇题为《巴门尼德篇》的对话，记述了巴门尼德携比他年轻近二十五岁的芝诺，拜访青年苏格拉底的事。通过这则对话以及其他资料可知，芝诺捍卫了上文详解过的那个观点，即现实的本质是一。芝诺采用的方法，是坚决而热切地为他的老师巴门尼德辩护，同时尝试反攻那些主张现实是多重而非单一的人。巴门尼德的敌人在他们的进攻中提出了诸多反对意见，并表示，如果我们假定现实是单一的，那么就会有很多逻辑上的谬误接踵而来。在这场对抗中，芝诺的学说成为一次意图鲜明的尝试，那就是要展示出现实是多重的这一观点的

爱利的芝诺是其老师巴门尼德的一位热情捍卫者。

诸般谬误。

他的这些证明多是以悖论（因为我们假定它们必定为假）的形式为我们所知，但若想穿透悖论而精准地定位芝诺的错误所在，常常很难。

阿喀琉斯与乌龟

亚里士多德记录过这些悖论中的几则，其中最著名的一则，有时被称为"阿喀琉斯与乌龟"，尽管这里面根本就没有提到过乌龟。

在这个设想的情境里，一名跑得慢的人在起跑时比另一名跑得快的人领先一段距离。芝诺称，跑得快的人永远也追不上跑得慢的人。原因是，跑得快的人总要先抵达跑得慢的人已经跑到的位置，这样一来，跑得慢的人就已经在一个新的位置了，而跑得快的人这时又要开始追赶他，所以这场追逐将永远持续

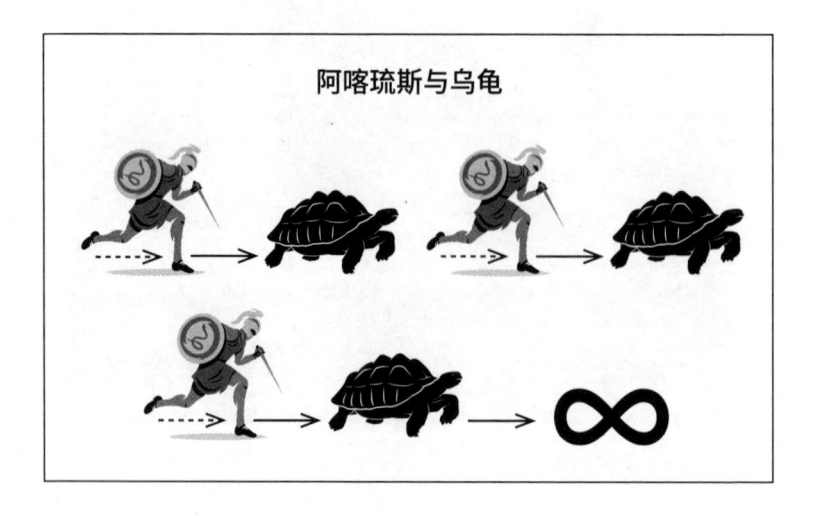

阿喀琉斯与乌龟

下去。跑得快的人不得不抵达无限多个这样的位置,却永远都追不上跑得慢的人。既然如此,那么运动便是不存在的,而没有运动,就不能说现实是多重的了。

运动场里的赛跑者

类似的例子还有运动场中的赛跑者。在这则悖论中,我们

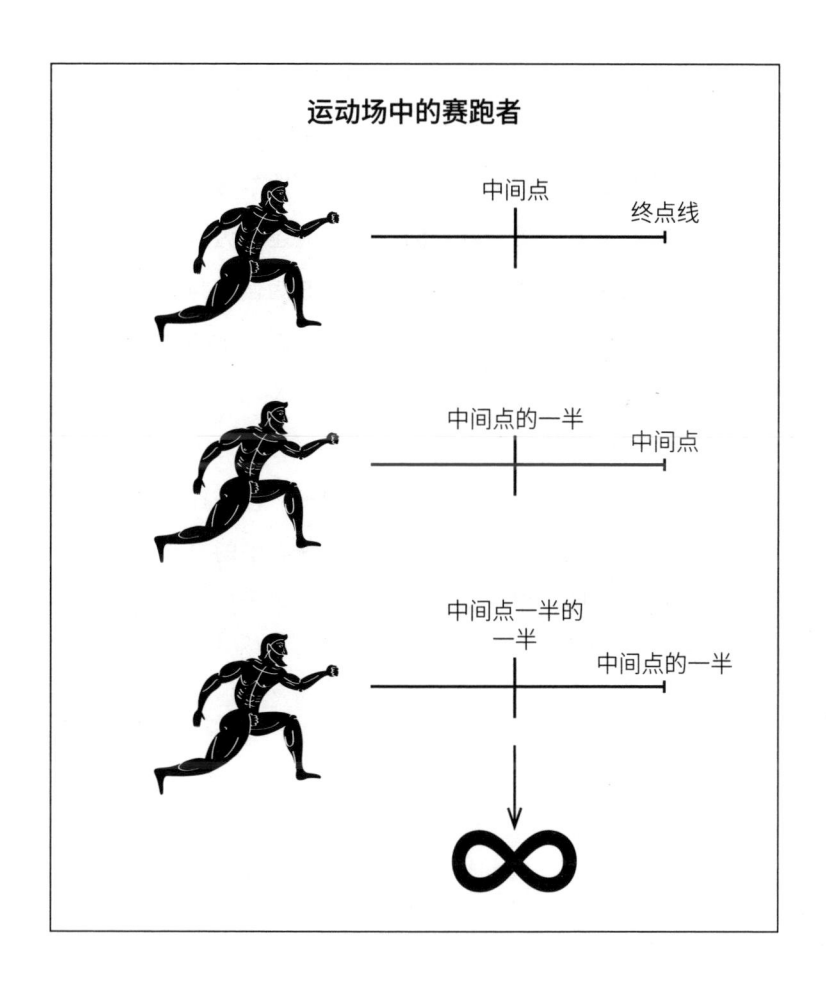

运动场中的赛跑者

中间点　终点线

中间点的一半　中间点

中间点一半的一半　中间点的一半

∞

要想象一名赛跑者的目标，是快速地抵达赛道终点线。但是在他到达终点线之前，首先必须设法到达跑道的中间点；然后在他到达中间点之前，又必须先跑到起跑线和中间点之间的中间点。把每段目标都切半拆分后，我们那位可怜的赛跑者就永远也达不到他的目标了，因为要想抵达每一个目标，他总有一个新的中间点要首先到达。

除了否定运动的存在之外，芝诺还提出多重性这个概念本身的荒谬性。为了论证这一点，他描述了一个场景：

假定现实是多重的，那么它既是有限的，又是无限的。说它是有限的原因是，如果多重性就是多重性本身而没有更多性质，那么它就是有限的、有界的。同时他还认为，多重性是无限的。他的论证过程如下：举客体 A 和 B 为例。为了让它们被认定为是两种不一样的东西，就必须有一个第三种客体 C，用以对它们进行区分。那么我们就有了三个客体：A、B、C。可是，A 和 C 还需要借助第四个客体 D 来进行区分。这个过程永远都不能停止，所以通过这种方式，现实同多重性一样，成了无限的。于是，结合两种结论，现实既是一种有限的多重性，又是一种无限的多重性，但这是荒谬的，是一个矛盾。因此，现实不是多重的，而是单一的。

◎ 要点总结

- 在巴门尼德的哲学诗里,有两条道路:意见之路和真理之路。他借此确认了世界的状态是以其存在的形式而存在,而思考或言说"不存在"之物是不可能的,因为某物必须首先"在"或"存在",才能被思考或言说。
- 巴门尼德总结说,宇宙必定是一直都存在的,而且将会永远存在,因为这才是"存在"的意义。因此,宇宙是单一而不变的。
- 巴门尼德的学生是芝诺,他狂热地捍卫他的老师提出的宇宙单一性理论。
- 芝诺试图通过一系列有关运动的悖论来展示出运动是不可能的,这其中就包括阿喀琉斯与乌龟的悖论。阿喀琉斯永远也追不上乌龟,这是因为他总是只能赶到乌龟曾到过的点,而且他必须越过无限多个这样的点。
- 在赛跑者的悖论中,赛跑者永远也抵达不了终点线,因为他必须首先到达目标的中间点,但是他又必须首先到达距离那个点的中间点,然后还有距离那个点的中间点,如此往复,无穷无尽。

第 **6** 课

数字是解释宇宙的原理

毕达哥拉斯和他的弟子们

毕达哥拉斯：宗教、神秘、哲学和邪教

毕达哥拉斯（约公元前580年—公元前500年）是令人最难理解的古典哲学家之一，有一众追随者。他是一支隐秘教派的首领，身后没有留下任何自己所写的作品。毕达哥拉斯似乎同时具有宗教、神秘、哲学和邪教的元素，因此我们很难精准地刻画出他的形象。他出生在萨摩斯岛，四十岁时离开故乡，前往意大利南部，在克罗顿依照自己的信仰

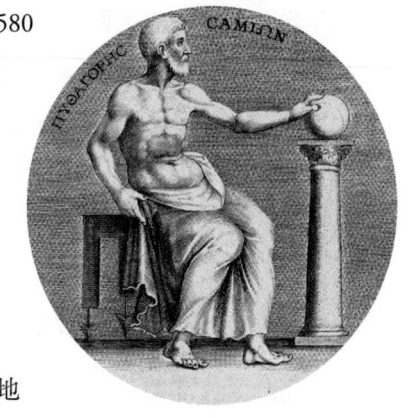

毕达哥拉斯最为人熟知的部分，是以他的名字命名的数学定理，但是他还以广阔而充满洞见的哲学启迪了众多的追随者。

毕达哥拉斯出生在古希腊的萨摩斯岛上，之后离开了那里，到了意大利南部的克罗顿。

创建了一个社区。据称，在他的影响下，那座城市的居民爱上了节俭与美德。

关于毕达哥拉斯和毕达哥拉斯主义，我们所知最可靠和最完整的报告都来自亚里士多德，可那也在毕达哥拉斯所生时代的数百年以后了。由于毕达哥拉斯的弟子对他虔心敬拜，而他的学派又隐秘不宣，因此有传言说，毕达哥拉斯有一条金子做的大腿，曾唤起一条河流与他对话。还有人称，他既非人类，亦非神明。在哲学氛围浓厚的古希腊，他也遇到过诋毁自己的人，这同样不足为奇。而这其中就包括了赫拉克利特。他说，毕达哥拉斯就是在玩弄骗人的把戏。

毕达哥拉斯学派的两支教派

据亚里士多德的说法，我们可以用"毕达哥拉斯学派"这个名称，指代这位哲学家最早的一群学生。他们热切地开展关于数学的研究，而这一兴趣也顺带导致人们把毕达哥拉斯与毕达哥拉斯定理联系在一起。另外还应注意的是，与数学关系紧

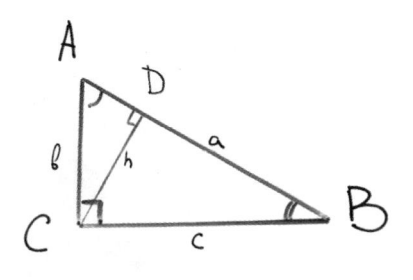

数学和几何是毕达哥拉斯和他的弟子们研究的核心。

音乐是毕达哥拉斯和他的弟子们高度推崇的诸多学科之一。

密的音乐也被摆在了很高的位置。据说，毕达哥拉斯正是借由音乐和弦的机缘，才首次获得了关于数字现实性的了解。

　　据说为了保密，毕达哥拉斯让他的弟子们谨守沉默的信条，但若说促成这种行为的因素中还涉及某些音乐的基础，也并非不可理喻。这种融几何、音乐与神秘主义为一体的古怪混合物有一个典型的代表，就是毕达哥拉斯的"圣十"。这个符号由十个点组成一个三角形，第一行有一个点，第二行有两个点，第三行有三个点，最后一行有四个点。点与点之间可以连出数不

```
                圣十

              ●
                      ⎫
           ●    ●     ⎬ 2:1
                      ⎫
        ●    ●    ●   ⎬ 3:2
                      ⎫
      ●    ●    ●    ● ⎬ 4:3
```

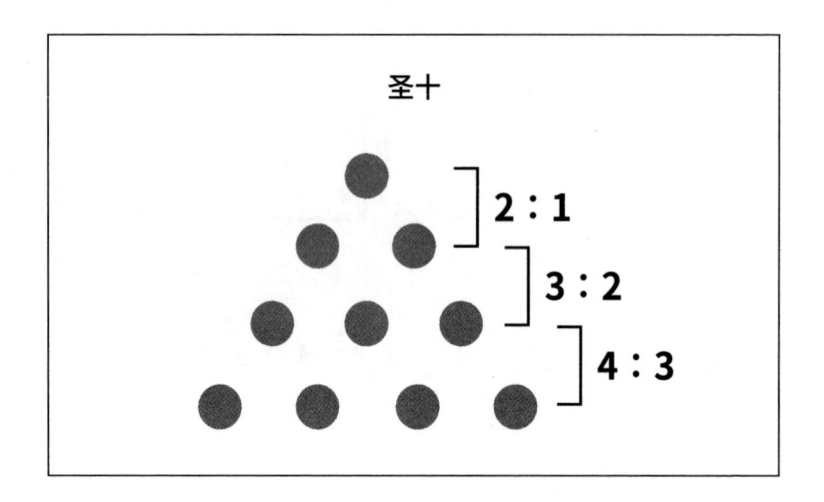

清的其他三角形,而四行之间的比例分别为4:3、3:2、2:1,这刚好与音阶关系一一对应。

毕达哥拉斯学派对于数学原理的信仰,意味着他们无法构想出一个只有九大天体的宇宙——于是他们提出了一个"地球的反面"或者"反地球"(antichton)的想法,以此凑成偶数十。

数字中的现实性

其他哲学家,比如泰勒斯,相信水是宇宙的物质原理(始基),而对于阿那克西美尼而言,气承担了同样的角色。毕达哥拉斯学派认为,现实的原理是数字——这是现代物理学及其数学精确性的前身——然而,尽管这种说法看起来貌似很有道理,但毕达哥拉斯学派并没有把他们的数学理论局限在整理宇宙纪事上。相反,当看到数字与现实性的种种相似之处时,他们认识到,诸如正义和理性,作为样例,都只不过是数字的一种演算结果而已。

他们提出，具有现实性的事物都是作为数字的模仿物而存在的。这些毕达哥拉斯学派的学者对于数字的完美性深信不疑，以至于不顾一切相反的观察结论，决心提出第十种天体，他们认为，只有九颗行星是不完整的，因此第十种天体被命名为"地球的反面"。毕达哥拉斯学派把自己的数学理论压缩并抽象为奇偶的观念。奇数是有限的，而偶数则是无限的。数字"1"，既是奇数，又是偶数，所以既同属于二者，又同时由二者中来，而数字便是由数字"1"中而来。

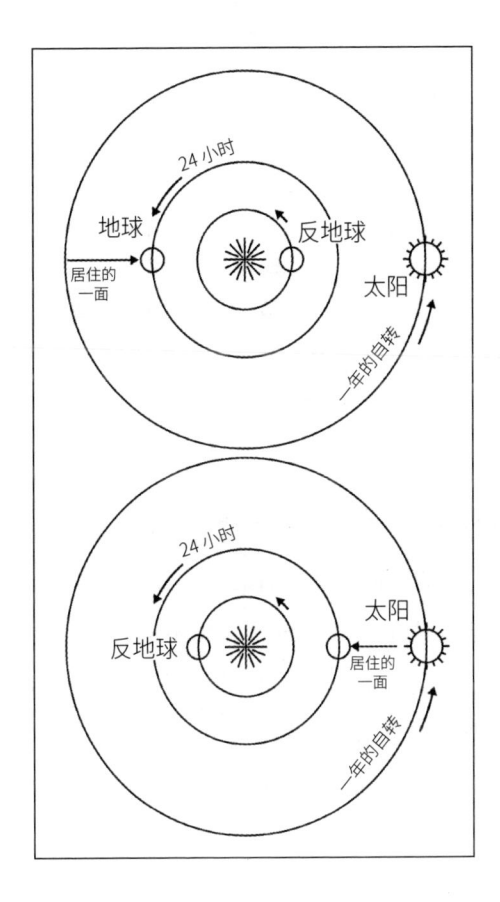

对立表

毕达哥拉斯哲学的第二个分支，与克罗顿的阿尔克莽，被称为"对立表"，由

毕达哥拉斯学派对于数学原理的信仰，意味着他们无法构想出一个只有九大天体的宇宙——于是他们提出了一个"地球的反面"或者"反地球"（antichton）的想法，以此凑成偶数十。

亚里士多德命名。这张对立物的清单上共列举了十对对立。最开始与前一组毕达哥拉斯学派颇为相似，这一组也提出了有限与无限、奇数与偶数，但是又在此之外进一步延伸扩展，引入了阴与阳、动与静、直与曲、明与暗、善与恶、正方与非正方。

■ "存在"的两种意思

有限	无限
奇数	偶数
一	多
右	左
阳	阴
静	动
直	曲
明	暗
善	恶
正方	非正方（长方）

他们认为，每一对的前一个都有一致性或协同性，而每一对的后一个也同样如此。例如，阳、静与直之间存在某种联系，而阴、动与曲也一样。这张清单的大部分是含糊不清的，对立之间的联系也很难确定。尽管如此，亚里士多德在其著作《物理学》中留下的一句评论，还是给我们提供了一个体味其中三对对立之间联系的理由：奇数与偶数、有限与无限，以及正方与非正方（不等边）。

在亚里士多德的解释中，一系列的点或者其他任何一种形状被画成一种网格图，在它的外周逐次围布着更大的磬折形（可以想象成一把木工尺的样子）。根据第一个磬折形内部的数字是1还是2，接下来的磬折形分为不同的情况。如果是1，那么接下来所有的数字都是"奇数"，并为"正方"的形状。而这个系列也是"有限"的，因为只有这个形状在不断重复。如果这个网格以2开始，那么它就是"偶数"，接下来的每一个数也都是偶数，结果就是，后续的磬折形都有不相等的边长，或者说是"非正方"的。后续每一个四边形的长和宽比例都不相同，因此这种形状就成为"无限"的。

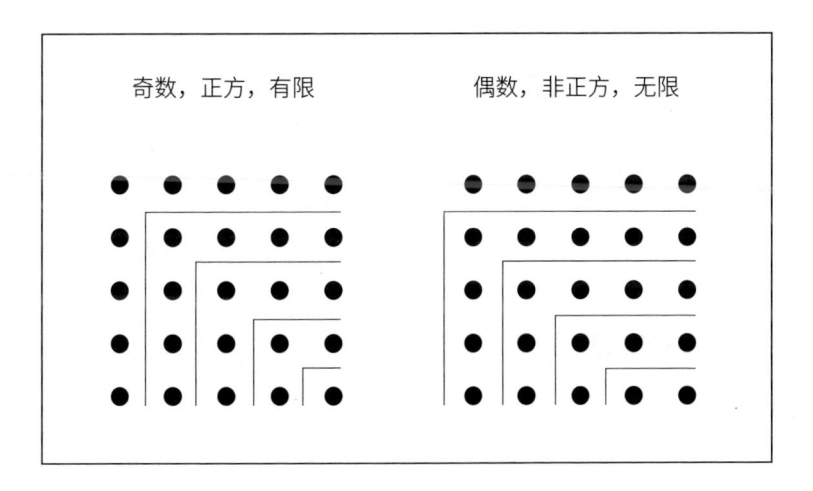

奇数，正方，有限　　　　偶数，非正方，无限

言传

有几份资料保存了毕达哥拉斯的教导，据说都是由他口头所传递。这些教导被分成了三个部分：对事物的定义、最高级

和禁忌。

关于禁忌,看起来又包含了两种教导。第一种禁忌,以一种意料之内的毕达哥拉斯学派的方式,拥有了仪式化以及可能的伦理学方面。在这些禁忌中,有一种是禁止吃豆子。后世的古人采用了各种各样的方式来阐释这条规矩:有些人声称,这种禁忌源于豆子和生殖器之间的相似性;另外一些人则主张,它们形似哈迪斯的大门;还有人说,豆子被禁,是因为它们具有毁灭性,或者因为它们与宇宙的本质类似,又或者因为它们被用来抽签选举统治者;更有甚者推测,豆子会导致胃胀气,因而有伤体统。这一类禁令还包括不允许触摸白色的公鸡、不允许食用从桌子上掉下来的食物,以及不能触摸神圣的鱼。

毕达哥拉斯学派设立了一系列禁忌,包括不要"用剑拨火"的警告,这是指导人们不要侮辱愤怒者的一则隐喻。

第二组禁忌简短而机智。这些不一定都是精练的格言,但是常常在一个隐喻的外壳下隐藏着实用的可行性。"不要用剑拨火"是在警告人们不要用尖锐的话语招惹一个被激怒的人。"不要吃心"提醒人们不要沉陷在自己的绝望之情中。甚至还有一则关于生命终点的告诫:"踏上征程,就不要回头。"这是一个充满勇气的召唤,鼓舞人们当接近死亡之时,不要执念于生。

符号（Symbola）

列举最高级的清单是在一场口头指导中被提出的，由简短的问题和更加简短的答案组成："最正当的事是什么？牺牲。最有智慧的东西是什么？数字，但是第二名是分配了名字的那个人。最有力量的东西是什么？知识。最好的事是什么？快乐。"同样，关于定义的口头教导也采用了问答的形式："圣人住在哪些岛上？太阳和月亮。"

这些口头教导又被命名为"符号"，意思是关联的象征，据信这是毕达哥拉斯学派社团的口头暗号。这种说法用于解释问答形式格外贴切：一名毕达哥拉斯学派的成员发出提问，另一名成员便用这种哲学的密码进行回答。

神秘的信仰

我们可以断定，毕达哥拉斯坚信某种由善行和恶行决定的转世。他深信有生之物的单一性。有一次，他听到一只正在被打的小狗的哭声，便急忙喝令打者停手，因为他在那哭声中认出了自己朋友的灵魂。转生学说也许还是他许多其他说法背后的潜在假设，比如他说地震是与死者的一场会面，而回声的震荡则是天外之物的声音。

费劳罗

费劳罗（约公元前 470 年—公元前 385 年）是后期毕达哥拉斯学派的一员，他的哲学延续着前期毕达哥拉斯学派学说的

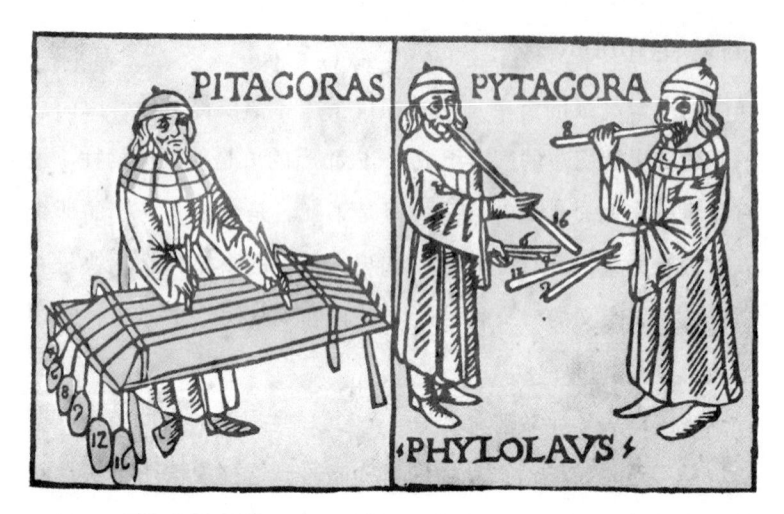

费劳罗是一位难懂的哲学家,他大大拓宽了"有限"与"无限"的观念。

脉络,并深受其影响,可最终却出乎意料地演变成一种充满活力的隐秘理论。

毕达哥拉斯认为数字构成了宇宙,费劳罗在对这一观念进行阐述时,结合有限与无限的教义,提出了一种略有不同的毕达哥拉斯主义。他说,各种有限之物与无限之物,在此都不止

■ 三种毕达哥拉斯学派

	第一组	与阿尔克莽有联系的一组	费劳罗
宇宙的原理	有限/奇数和无限/偶数	对立表	和谐运转的有限之物与无限之物

一种，共同构建了宇宙的和谐。尽管他的论点让人很难着手，但是从根本上说，它的意思就是，宇宙之内的事物既是有限，也是无限，由此便需要一个既包含了限制又包含了限制缺席的解释。他还称一切可知的事物都具有数，而且不仅如此，除了奇数和偶数之外，还有第三种数，即偶奇数。这里正适合提醒我们记下，在古希腊语中，"奇数"和"偶数"的含义分别是"过度的"和"完整的"。

和谐

　　费劳罗进一步提出，关于有限和无限真正本质的理解，超越了人类的知识范畴。可我们又确实拥有关于宇宙以及其中事物的特定知识。如果事实如此，那么有限和无限就一定是使宇宙成为存在的原因。可这里还有一个未解之谜：既然有限和无限二者没有丝毫的共同之处，那么它们又如何能够使宇宙合一呢？费劳罗的答案是，有一种和谐把它们联合在一起，使它们得以安顿宇宙。他指出，不管在有限和无限这二者之间，还是在由它们创造和组织而成的宇宙中的那些事物之间，都有一种对于和谐的需要。因为就后者而言，由有限和无限引发的事物，彼此之间也存在同样程度的不同，因而也需要由和谐来安顿它们。

◎ 要点总结

- 早期毕达哥拉斯学派热衷于钻研数学和音乐，并且相信数字是解释宇宙的原理。
- 毕达哥拉斯学派相信数字直接造出了如正义和理性等抽象实体，而宇宙中所有的事物都作为数字的模仿物而存在。
- 毕达哥拉斯学派中的一组人相信奇数和偶数是基本原理，他们认为那就是有限和无限；而另一组人则拥护对立表，表中的配对都以某种形式彼此关联。
- 毕达哥拉斯的教导是口头传达的，可以被分为禁忌、最高级和对事物的定义。
- 费劳罗是后期毕达哥拉斯的一名代表。他详细阐述了数字作为底层原理的观念，并提出作为复数概念的有限和无限促成了宇宙的和谐。

第 7 课

人的性格代表了他的命运

赫拉克利特

离经叛道之人

赫拉克利特（约公元前544年—公元前483年）也许是古典哲学的所有谜团中最难破解的一个。他的悖论式语录，被记录下来的就有数十条之多。即便在古时，他的观点也为他挣得了"谜语者"和"费解者"这样的称号。就像大多数前苏格拉底哲学家一样，赫拉克利特因为他思想中的隐喻元素和简要性，不容易被我

赫拉克利特是一位令人难懂的、充满攻击性的哲学家，他曾公然批评前人的成果。

们理解。循着前苏格拉底哲学家的一贯传统,他也把自己的著作《论自然》分为三个部分:"论宇宙""政治学""神学"。

赫拉克利特认识到,他的论点能否被接受,会受到他所处的文化和前人的影响。他公然抨击那些声名显赫的有智慧的作者。他说,博学并没有教给赫西俄德或毕达哥拉斯任何道理。在他看来,毕达哥拉斯就是所有冒牌货的头目。

赫拉克利特是一个多疑的人。他宣称,白痴才喜欢关注每一条新消息。赫拉克利特投身于这团文化的混杂物中,持续向传统智慧发起挑战。德尔菲神庙的神谕既不是直白易懂的,也不是秘而不宣的,而是给出了需要解读的信号。毫无疑问,正是智慧的这种观念,对解读者的努力提出了要求,也促使赫拉克利特采用他那种令人费解的风格写着:"眼睛是比耳朵更精准的见证者。"因为知识的本质就是一个人自己去发现,而不是依赖他人的传达。

理性的世界

赫拉克利特主张世界是理性的,而人是世界的理性生物。一种共通的认识要素在底层支撑着万物,他将此命名为逻各斯(logos)。虽然逻各斯是开放状态,所有人都可以了解使用,但是却极少有人使用。因为看到这种蒙昧的情况,他把这种人们在清醒时的无知,比作他们在睡眠时的无觉状态。赫拉克利特的哲学洞见,在第一次遇到时,总会令人炫目惊叹。

在赫拉克利特的世界里,有一个至高无上的原理:对立统一。例如,疾病是使健康得以令人愉悦和变得美好的东西,饥

同一条路，你向上走或向下走决定了它的性质和你的目的地。

饿之于餍足亦如是，而疲劳则凸显出休闲是使人愉悦之物。在物理的国度，"有起必有落"这句谚语反映了这一古老的智慧。赫拉克利特观察到，冷的东西会变暖，暖的东西会变冷，潮湿之物会变得干燥，而干燥之物也会变潮湿。他还说过一个没那么显而易见的道理，"上升的路和下降的路是同一条路"。意思是说，你向上走的那条路也是你下来时要走的那条路。路只有一条，但是你行走的方向决定了路的性质和你的目的地。看似表面对立的事物之间，存在一种自然的联系和关系。虽然他们的对立制造出了一种分离和差异的表象，但是在根底深处都存在着统一的秩序。

赫拉克利特把这种统一作为"神"来描述。但是与大多数

赫拉克利特称，人不能两次踏入同一条河流。后来，这一观点由柏拉图进行了普及。

宗教的教义不同，赫拉克利特的神会根据其为何种对立物而变化：要么是白天和黑夜，要么是战争与和平。逻各斯与在这世上如此常见的统一之间存在着紧密的联系。对立在表面上具有不统一性，在前述背景下，通过认识这种表面的不统一性的内部存在统一性，一些更加模糊的观点就变得更为清晰明了，比如"看不见的和谐比看得见的和谐更美"和"自然爱隐匿自身"。

赫拉克利特最有名的观点，很可能就是柏拉图那句著名的观点：人不能两次踏入同一条河流。这一观点提示了这个世界恒变的本性，但是它也具象化地表达了赫拉克利特的一个执念。他坚信，相比于我们偶然接触到的一条河流的水流而言，本性之中仍存在一种更大的统一性。

赫拉克利特把他对于世界的理解，用一张弓或一张里尔琴的图像，优美地描绘了出来。弓弦与乐器的其他部分形成了对抗的张力。然而，和谐之音只有在这种关系的拉扯中才有可能产生，也正是对于这种秘密的充分理解，才让人们获得了关于这个乐器本质的知识。即便是战争这种最具毁灭性的力量，也可以被称为万物之父和万事之王，因为它能够让某些人得到自由，另一些人成为奴隶；还能够让某些城市兴旺发达，而另外一些城市沦为废墟。

动物的世界也存在对立。尽管垃圾和金子之间有显而易见的价值差距，但是驴为了得到觅食的欢愉，还是会选择垃圾堆，

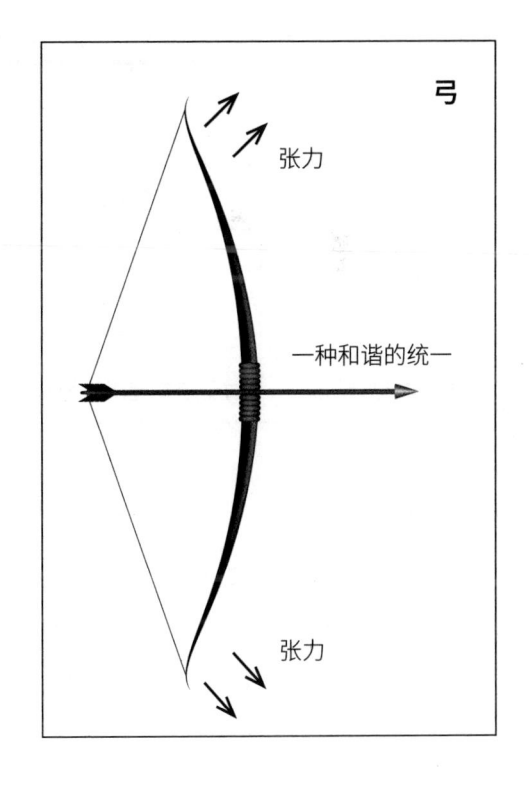

而不是黄金；大型的食草动物必须用鞭子无情地抽打，才能驱赶到牧场。换句话说，抽打的疼痛通向的是食物的欢愉；猪更愿意在污浊的泥浆里打滚，而不愿意被干净的井水清洗；赫拉克利特还说，海洋里既有最肮脏的水，也有最清澈的水。因为海水既对生活在地面的人类有毒，又对生活在海中的鱼类是必需品。虽然这些例子中的统一性有时难以精准确定（这也符合人们对于这种"看不见的和谐"的预期），但赫拉克利特还是在他的统一与对立的框架下，提出了独特的、悖论式的观察见解。

■ 对立表

对立	对立	统一
向上的路	向下的路	同一条路
驴的垃圾	人的金子	有价值
白天	黑夜	一天
不同的水	不同的水	同一条河流
对于人类有毒的海水	对于鱼类健康的海水	同样的海水

永恒的活火

根据赫拉克利特的判断，宇宙的特质是一团"永恒的活火"。火是万物构成的材料，宇宙经历着一个被点燃和被熄灭的循环。这不免让人想起气在阿那克西美尼系统中扮演的角色。古希腊哲学中的四种元素（水、土、气和火）紧密相连，其中火承担着最为关键的角色。土是通过扑灭火而创造出来的，而土进而又可以被火熔化为液体，也就是水。同样是由火的热量所导致的蒸发，最终也能生成水。在赫拉克利特对于宇宙的理解中，火的首要性和支配性居于核心位置。他曾总结这个观点说："一切事物都会转换成火，而火也会转换成一切事物。"也许正是想到了这种依赖关系，以及心中的神性观念，他才说出："雷霆（可以视为火）驾驭万物。"

赫拉克利特的天文学见解，为他所处时代的观察结果，提供了一份天才的综合说明。火是宇宙中的基础力量，而太阳和月亮是凹陷的圆形或者是一个圆碗形状，它们中的空圆心正对着地球。在不同的情况下，凹陷处一次次收集火焰，然后像一

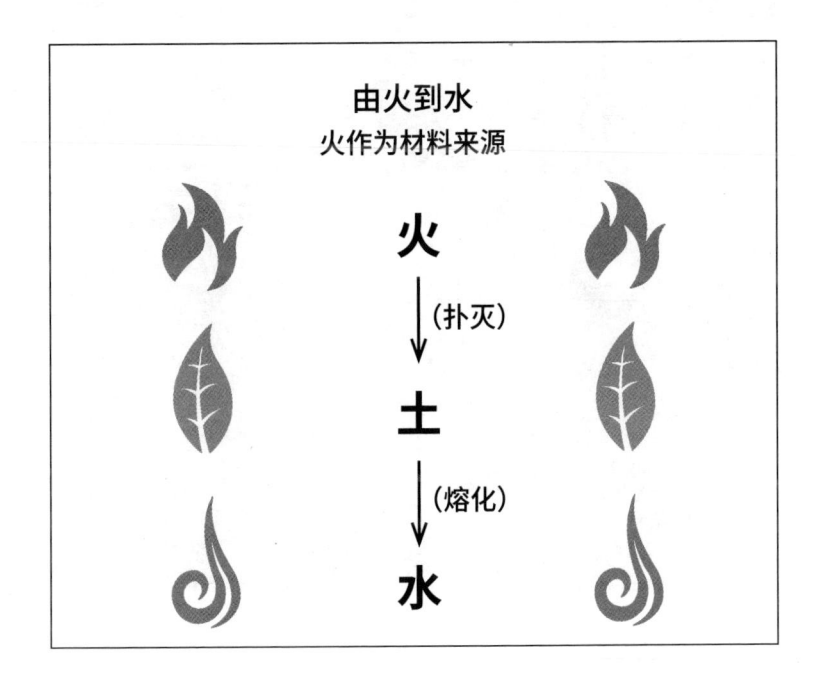

由火到水
火作为材料来源

火
↓（扑灭）
土
↓（熔化）
水

根据赫拉克利特的说法,复仇女神们负责阻止太阳越过边界。

口大锅一样燃烧，离地球越近，就烧得越亮、越旺。月亮则不然，它的亮度更低，因为它靠近地球的大气层，受到了地球有限制的干扰作用。当碗的凹面背离我们时，日食就发生了。而月相变化则是由那只燃烧的碗，逐渐转离我们的观察视角所致。

太阳之所以一直受到格外关注，有一部分原因是来自它炽烈的成分。赫拉克利特提出了一个看起来很古怪的说法，太阳只有一个人脚的宽度，而复仇女神——古希腊神话中人格化的女性复仇者——负责看管太阳，防止它越过活动范围的边界。也许是考虑到填充了太阳凹面的火的本性，赫拉克利特还说，太阳不仅每天都是新的，而且永远常新，永不止息。

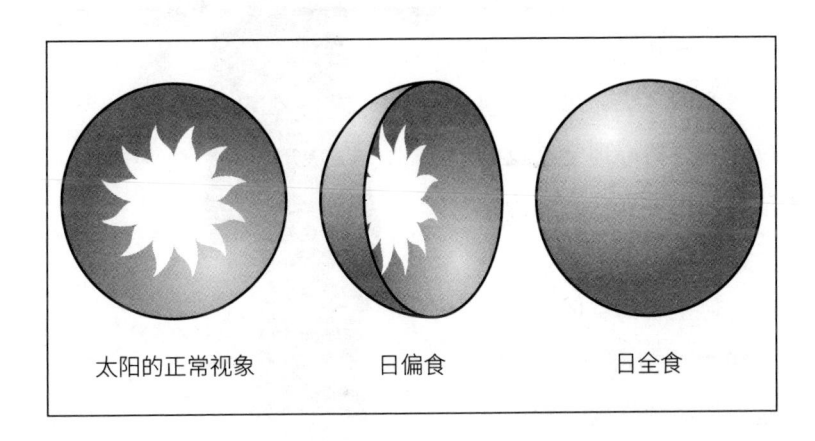

| 太阳的正常视象 | 日偏食 | 日全食 |

灵魂的特征

正如我们所见，赫拉克利特关于世界、上天和宇宙的信念，虽然简明贯通，却十分古怪。在他的体系里，灵魂也反映了世界的本质及其炽热的构成。例如，他声称干燥的灵魂是最具智慧和最为卓越的。他之所以产生这样的信念，或许起因于一个醉汉的愚蠢行为。醉汉的灵魂仿佛在由一个不成熟的小男孩指引着，已经被浸湿。我们可以推定，一个智慧的灵魂是以某种方式被火烘干。赫拉克利特关于灵魂的言说，自然地接续上了他将火作为具有生产力的物质来源而进行的言说。即，灵魂的死亡是变成水，而水的"死亡"则是变成土。

赫拉克利特为人类的理解认知和智慧所提供的解释，也涉及了火。白天，灵魂可以直接触达到火，而在夜晚，世界上的人们必须在睡眠时各自点亮一团内心的火焰。可是，赫拉克利特的心理学并没有单纯地把心理状态视为某种特定的火的累积，而不留任何主动的空间。人类有能力控制心灵和身体，这种控制的程度之深，足以使赫拉克利特说出那句著名的话："人的性格就是他的命运。"这里蕴含的观点是，世界是可以被求索的心灵所理解和感知的，

在赫拉克利特看来，干燥的灵魂代表了智慧，潮湿的灵魂就像醉汉的灵魂一样，代表的是愚蠢。

但这种认识必须独立于他人的见解，形成独特的个人言说，即一种逻各斯。

◎ 要点总结

- 赫拉克利特提出了逻各斯的观点。逻各斯是一种明白易懂的认识，世界上的每一个人都可以了解使用，却很少有人真正使用起来。
- 赫拉克利特的对立统一观点断言，在世界上看得见的表面的敌意和对立之内，还存在一种隐藏的统一。
- 赫拉克利特提出，火是永恒世界里的一种原力，能够转变成其他元素，比如水或土。
- 宇宙是一种永恒的活火，循环往复地经历着点燃和熄灭的过程，而天文学的观察结论就可以用火来解释：太阳、月亮和星星都是盛满了火的碗。
- 灵魂不是由火构成的，就是与火密切相关的；智慧的灵魂是干燥的，而睡梦中的灵魂也能够通过一团内在点燃的火焰触达思想。

第 8 课

万物都是必然，无物可无端发生
原子论者：留基波和德谟克利特

留基波和德谟克利特

留基波（鼎盛期在公元前 5 世纪）是爱利的芝诺的学生。芝诺的老师是巴门尼德，而留基波的学生是德谟克利特（公元前 460 年—公元前 370 年）。在文本化历史的变故中，我们拥有关于德谟克利特的丰富的语录和信息，但是留基波只留下了一个观点："万物都是必然的，有理

留基波只给我们留下了一句语录，但是他忠实的学生德谟克利特把他的原子论哲学传递给了更广大的受众。

由的，没有什么可以无端发生。"因此，我们把德谟克利特的论说视为留基波和原子论的代表，而他们二人总是被绑定在一起，并称为原子论的开创者。德谟克利特是一位多产的作者，写就了关于宇宙学、感觉、逻辑和多种自然问题的著作。关于他的生平，流传着各种奇闻逸事，但是好几种来源似乎都暗示出，他的死亡是由一段时间的主动绝食所致。

充满（Plenum）与虚空（Void）

与巴门尼德的论点相反，留基波原子论的哲学背景是：宇宙乃是一个多元体，万物其实都是被创造出来和被毁灭的。这些观点通常都符合我们的日常经验。亚里士多德关于这一哲学，

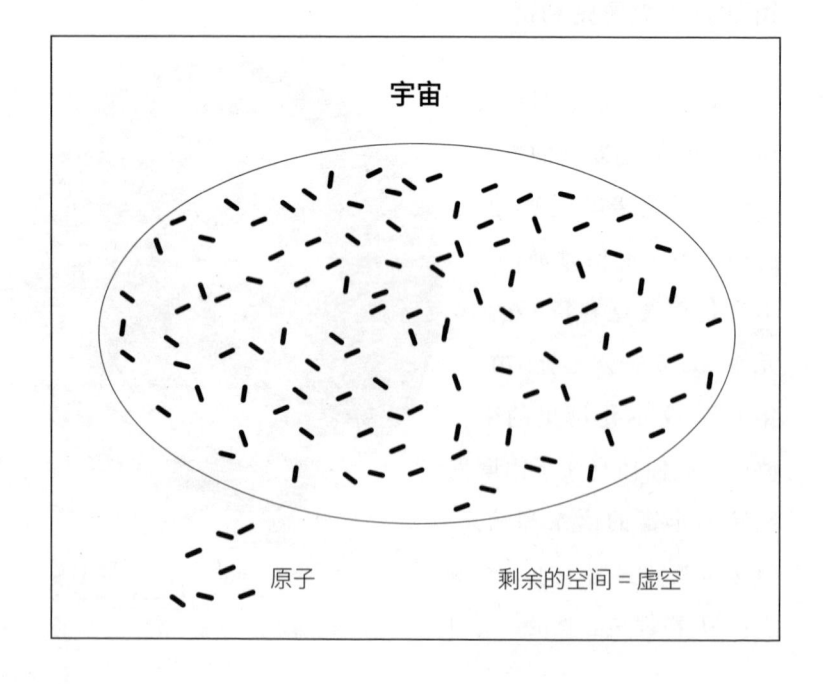

做了最为详尽的解释。此外，其他早期哲学家的解释也通常如此。亚里士多德告诉我们，在一个最为普遍的层面，世界的根本性质可以被划分为充满（丰满）和虚空。

原子位于充满之中，有无限的多样性和无限的数量。为了与虚空做出区分，充满还可以被简化地认为就是原子。一个原子，根据字面的意思，就是某种"不可切分"的东西，正如人们假想中现实的基石应该有的样子。

■ 原子的差异

形状，"节奏"	如 N 与 A
排列，"接触"[1]	如 NA 与 AN
位置，"旋转"	如 N 与 Z

根据原子论者的说法，世界是由名为原子的微小而"不可切分"的物质材料构成的。

原子的变化有三种方式：形状、排列和位置，它们又各自被诗意地命名为"节奏""接触"和"旋转"。仿照亚里士多德使用希腊语进行说明的方式，我们也可以用拉丁字母作为原子的代号来演示这三种不同的变化。N 与 A 是形状不同，NA 和 AN 是排列不同，而 N 和 Z 则是位置不同。

---

1 原文是 Context，疑误，应为 Contact。——译者注

要想有运动,就必须有空间,或者一种虚空,可以让一个客体在其中发生运动。虚空的概念便是响应这一观点的需求而被提出的。虚空是非存在,或者说缺乏实体或形体而存在。还有一种更加抽象的表达方式:充满是"是什么",虚空是"不是什么"。虽然宇宙被划分为充满和虚空,但是它本身是无限的。这个观点衍生的一个结果就是,原子论者还相信,我们的世界之外,还有数不清的世界存在。

原子的细节

原子在相互冲撞中发生运动。有证言证明,这种运动会受到沿合适方向发生冲撞的原子重量的影响。不管怎么说,正是通过这些原子的运动,万物才得以生成和毁灭。相似的运动被吸引到虚空中相似的原子之间,从而形成一个旋涡。当原子的数量变得太大时,质量更好

原子像钩子和拉链一样彼此吸引连接,而当力量强大到足以把它们撕开时,则会发生分离。

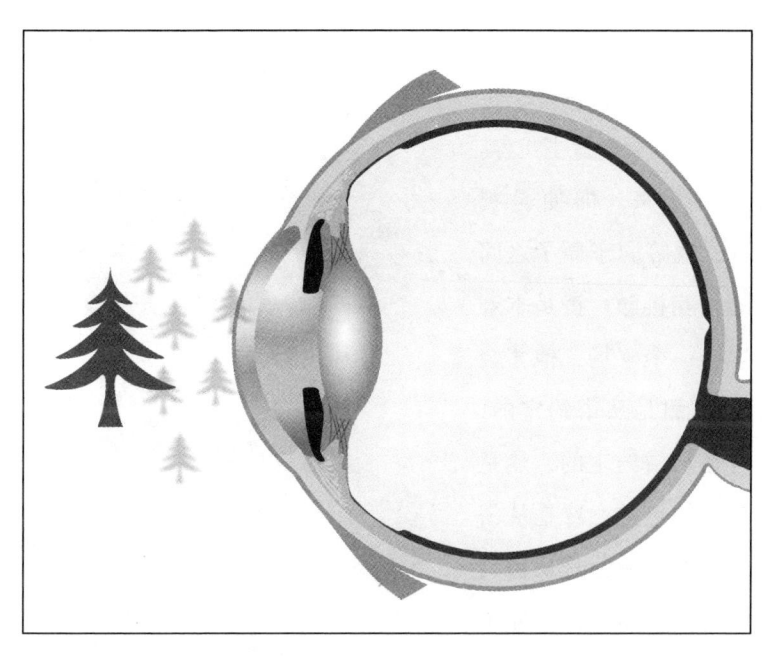

"爱多拉"（Eidola）是从客体中散发出来的微小影像，与眼睛发生直接的交互。

的原子就会向外旋转到边缘。在这个厚密的旋涡正中央发生的过程的结果就是一个世界的创生。我们自己的星球也是如此被创造出来的。

  所有的原子看起来都由同一种材料构成，原子越大重量就越大。宏观的存在物，如动物、植物或人类，是由特定的原子混合物所组成。原子的不同形状影响了这些存在物的创造结果，有些是弯曲的，有些是凹陷的或尖角的，诸如此类。结果就是，这些原子以一种与钩子和拉链相似的方式连接在一起，当分离的力量足够强大时，也以类似的方式支离分开。

知觉

德谟克利特是一位原子论的原教旨主义者。在他看来,即便是视觉,也等同于原子之间的相互接触。正是本着这样一个立场,他才会说:"甜是从俗约定的,苦是从俗约定的,热是从俗约定的,冷是从俗约定的,颜色是从俗约定的。实际上只有原子和虚空。"不论是触觉、味觉还是视觉,所有知觉的体验,都等同于原子的运动。至少对于视觉而言,他相信,有一种特定的爱多拉或微小的影像从视野中的客体中发出,直接与眼睛发生交互。事实上,即便是肉体上的欢愉,也没有什么不同,依旧可以用一种在原子刺激中的共享本源来解释。德谟克利特说,记住这种相似性,则"当人们给自己挠痒的时候,他们获得快感的方式与交媾中的人一样"。

从知觉的实体理论出发,也许可以自然地推断出,德谟克利特对于感官知觉是有信心的。可尽管如此,他还是对五感抱有怀疑。一部分原因是身体的情况总是在变化。既然这等同于组成身体的原子构成发生了变化,那么也就必然改动了知觉的

自荷马时代以来,言语与行为之间的对立对于古希腊人而言一直十分重要。

可信度。德谟克利特曾轻蔑地提到两种类型的知觉，借用一个家族谱系的隐喻，分立出"私生子"和"合法子嗣"两类。而视觉、听觉、嗅觉、味觉和触觉，都属于私生子这一类。

伦理

德谟克利特现存的语录，大多是关于如何生活的建议。考虑到他对原子论历史的贡献以及后来的声名，这一点着实令人惊讶。他具有透彻性的智慧频繁地在涉及成对观念的语境之内得到发挥，其中每一对都有一方是善，一方是恶。不智与智，智慧与财富，行动与言辞，必需与奢侈，这些都是他用到过的对立物。

德谟克利特经常倡导智慧的生活，尽管他对于这样一种生活的细节了解得并不准确。他说："本性和教育互为邻居。教育重塑一个人，由此创造一个本性。"当他说本性自足且可以突破命运的优势时，他心中所想的很可能就是这种通过训练而获得的第二本性的观念。不管怎么说，命运是有其优势的，但是德谟克利特在命运的优势和智慧的果实之间做了一种对比："那些缺乏认识的人，由命运的优势塑造而成，但是那些拥有关于这些事物知

德谟克利特提供了关于如何生活的丰富建议。

■ 目的是由我们和机缘赋予事物的。

水	价值 善 恶 善	为什么 为解渴 溺水 游泳

识的人，则是由智慧的优势塑造而成的。"

德谟克利特讨论的另一组对立，是言辞和行动[1]。自荷马时代以来，这组对立于古希腊人而言，一直相当重要。德谟克利特说："言辞是行为的影子。"这句话暗示出，言辞要么对行为产生懒惰的副作用，要么就是像影子，亦步亦趋地模仿和跟随蕴含于行动中的更具实质性的现实。不管是哪种关系，行为都能在一定程度上决定言辞，但反过来的情况是不可能发生的，"一篇美好的言辞，并不能抹掉一次坏的行为，而一次好行为也不能为诽谤玷污"。

伦理与原子

我们有理由推定，德谟克利特的伦理学理论受到了他的原子论理论的影响。与恩培多克勒的哲学一样，从根本上说，原子论者的理论其实就是不诉诸于神力、目的或设计的解释。出于这种信念，德谟克利特没有在我们身边的客体中看到意义和目的，而是根据它们对我们的有用性或无用性需要的角度，来

---

[1] 原文是 speech，疑应为 action。Words 和 Action。——译者注

看待每一样事物。

例如，他说："如果我们能从某些事物中找到对我们有好处的东西，那么我们也能从那些事物里找到对我们不利的东西。"他继续解释说，深水就是这样一个例子。水对我们有好处，也有坏处，其坏处是因为我们可能会溺于其中。正是由于认识到了这一点，我们才学会了如何游泳，毕竟游泳算是对我们有好处的一件事。

某物对于我们是好还是坏，是由智慧决定的，而智慧就是一种引导事物满足我们自己的目的的能力。这种宇宙缺乏的设计才是我们必须融入自己生活中的东西。他对于这种世界观的应用是一以贯之的，甚至推演到推荐使用家奴作为身体的部分，尽其所用。

另一方面，如前文所见，那些拒绝学习智慧课业的人，会任由机缘摆布——原子在虚空中的扭动和旋转。我们已经给这种过于常见的情况取了一个名字："命运"，即古希腊语中的"tuche"。正如医药可以救治身体，智慧可以救治灵魂的疾病，二者把各自所辖的领域整顿为一种秩序，令原子可以轻松消解。我们从世界之创造的学说中已经看到，德谟克利特坚信同类相吸的观点。近似的观点引入人类行为的范畴，则变成："常与卑劣者相伴，恶也随之增多。"他反过来又说："同心者为朋友。"相似者相连的观点，不论其是否直接源自原子的互动，还是从因果相似的观点中发展而来，德谟克利特运用这一洞见总结出一个结论，即，当我们目睹高尚行为时，我们的内心也会涌现巨大的欢愉。

尽管德谟克利特大力倡导智慧的培育，可是他也承认，于这个由原子流变组成的世界而言，这是一项艰难的索求。他支持为智慧全心投入的追求，因为"更多的人都通过实践变好，并非本性"。他还教导人们说，成功和失败之中都有艰辛，但是只有成功才能让历经艰辛的不快感减轻。

◎ 要点总结

- 留基波的原子论概念经其学生德谟克利特传递下来，其中有"充满"或者说是原子，即是什么；还有"虚空"，即不是什么。
- 虚空为原子的运动提供了可能性。原子是无限的，形状、排列和位置各不相同。它们彼此之间机械式地"粘连并绑定"在一起，创造出比原子更大的事物。
- 所有的知觉都可以用一个相似的原子接触到另一个相似的原子来解释。例如，视觉的理论引入了所谓的爱多拉，即微小的影像。它们从被感知的客体中发散出来，移动到眼睛上。
- 对立的概念支撑着德谟克利特的伦理信念，比如强调勤劳、智慧、行动和必需，同时摒弃它们的对立物，即懒惰、运气、言辞和奢侈。
- 德谟克利特的原子论影响了他的伦理学。既然原子决定了世界的现实，那么就没有位置留给目的或设计了，因为原子世界缺乏目的，所以必须在事物上运用理性，来服务于我们自己的利益。

第 9 课

人是万物的衡量标准

智者学派

智者学派字面意义所示，是"智慧"或"聪明"的人，他们对于智慧的热爱反映在"智者"（sophist）的词根意义之上，这个词根还构成了"哲学"（philosophy）的一部分："philos"在古希腊语中表示"爱"的意思，而"sophia"则是"智慧"。作为一个群体，他们通常被计入哲学家之列，因为他们宣扬自己对于知识的话语

亚里士多芬尼写过一部戏剧，并在其中把苏格拉底刻画为一名智者。

权，还同柏拉图和亚里士多德进行过公开的辩论。可这个群体如何以及为何会兴起，并没有单一的理由说明，但是似乎有多

种诱因都起到了作用，包括：古希腊哲学家之间关于何为终极现实缺乏共识；在法律的诉讼程序中为自己辩解的能力；以及为雅典的青年建设私人教育市场的必要性。苏格拉底在被起诉的诸多罪状中，就有收费教学这一项臭名昭著的罪名。也正是这种行为，让智者学派满心骄傲地推广实践，承诺给未来学生的，是赢得辩论或说服群众的能力。

哲学家和智者学派在大众的想象里是紧密联系在一起的，这种想象可以在雅典的剧作家亚里士多芬尼创作的《云》中找到证据。为了制造更好的戏剧效果，亚里士多芬尼把苏格拉底刻画成一名智者的形象。亚里士多芬尼和柏拉图都认为，把较弱的论点变得更强这一行为，是智者学派。也就是说，在辩论双方之间，一名智者会选择为看似正当性、可信性、真实性较弱的一方持辩。亚里士多德所撰写的《辩谬篇》，就是驳斥智者学派用来赢得辩论的逻辑佯谬。智者学派与柏拉图、苏格拉底和亚里士多德之间的敌对关系，为他们带来了相对主义、机会主义和无原则的"诡辩"之名。对比之下，哲学的践行者通常被视为真理的追求者，因而智者学派与哲学之间的联系，实则对智者不利。除此之外，他们还被卷入了一场关于法律本身的理论争辩之中。智者学派将法律和习俗作为一方面，将自然作为另一方面，并对这两方面之间的区分提出了质疑，声称这种区分既是人为虚假的，也是违反自然的。

普罗泰戈拉

至今所知，智者学派中最伟大的两位就是普罗泰戈拉（约公元前485年—公元前420年）和高尔吉亚（约公元前483年—公元前375年）。他们曾分别出现在两场同名的柏拉图对话当中。虽然声名卓著，但除了柏拉图出于自身目的而编造的那段对话外，普罗泰戈拉本人直接发表的言论所存甚少。

普罗泰戈拉是我们所知的第一位以某种形式收取教学费用的智者，除此之外，他还是第一位声称自己可以让更弱的论点变强的人。普罗泰戈拉曾写过几篇论文，但只存于后世作家的作品当中，其中就包括《论真理》一文。这部作品还赢得了一个颇具煽动性和隐喻色彩的标题：《掷地》（Castings Down），意思是使用通过把对手掷到地面而击败他的摔跤动作。普罗泰戈拉教学的课程绝大多数已成无解之谜，但是柏拉图的对话里提到了他曾教给学生们对语言的分析法，包括对于诗歌的阐释。

人是尺度

普罗泰戈拉给我们留下了两种十分有趣而又充满争议的论断，但每一种都无法打消他是一名相对主义导师的嫌疑。这两种观点中的第一种是如下表达的："人是万物的尺度（衡量标准），是存在事物的存在尺度，也是不存在事物的不存在尺度。"对此，柏拉图的理解是，事物在世界中的存在标准，是我们观察事物的直接结果。如果风吹在你我身上，我觉得冷，它就是冷风，你觉得暖，它就是暖风。由此推论，事物本身没有一种

普罗泰戈拉的相对主义

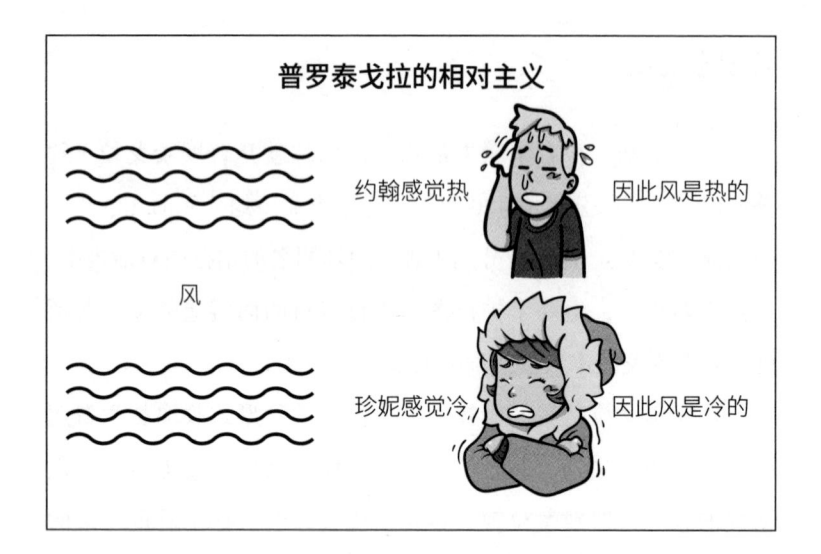

风
约翰感觉热 因此风是热的
珍妮感觉冷 因此风是冷的

特定形式的绝对,而是以它们被你我或其他某人所体验的方式相对存在。这种对于普罗泰戈拉观点的特定理解通常被称为"普罗泰戈拉的相对主义"。

神的不确定性

除了上述这种形式的相对主义之外,普罗泰戈拉还说过:当论及神时,他不确定神是否存在,因为人类的生命如此短暂,而这个话题又不清晰明确。这种不可知论和他对这种信念相当大胆的宣传,为他赢得了无神论者的名声,同时也让他更容易被指控为一个唯利是图的知识分子。

教授美德

普罗泰戈拉是最早声称可以把美德(古希腊语中的"arête")

教给学生的人之一。事实上,在当时,这等同于政治艺术的教育,而这项任务更接近实用的层面,并非理论层面。

高尔吉亚

高尔吉亚的重要性和知名度都不输普罗泰戈拉。高尔吉亚来自西西里的莱昂蒂尼,与普罗泰戈拉一样,他也定居于雅典。高尔吉亚以长寿过百岁而闻名,取得的成就足以在德尔菲这一著名的古希腊神谕的底座上为自己打造一座黄金雕像。

高尔吉亚相信,机会,即劝说的时机,对于说服他人是至

高尔吉亚获得了如此之多的财富,以至于他能够在神谕之乡德尔菲为自己打造一尊黄金雕像。

关重要的。与普罗泰戈拉不同,他否认自己有能力把美德教给自己的学生。同其他智者相比,他更多专注于修辞艺术,喜欢用新奇的说法和新创的语词来震慑和说服群众。这其中包括了词尾的押韵、句子成分之间的平衡以及类比和对比的使用。他创造了一个特别的新词,把秃鹫称为"行走的棺材",为此遭到了人们的嘲笑。

论虚无

高尔吉亚有一次格外精彩的演讲,这次演讲直接把他推上

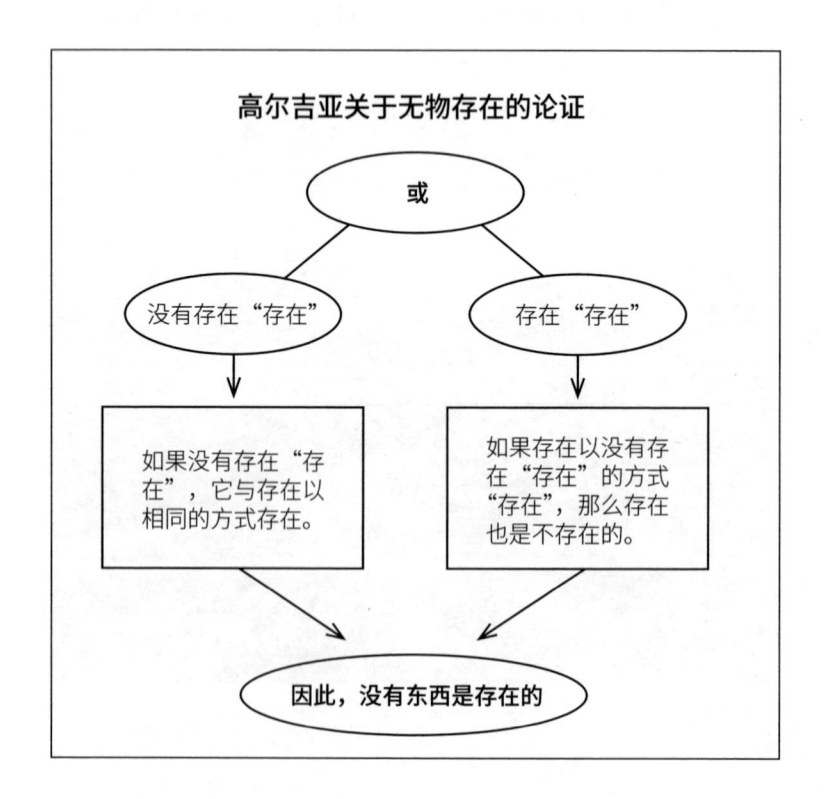

高尔吉亚关于无物存在的论证

```
                    或
         ┌──────────┴──────────┐
    没有存在"存在"            存在"存在"
         │                        │
         ▼                        ▼
┌────────────────┐      ┌────────────────┐
│ 如果没有存在"存 │      │ 如果存在以没有存│
│ 在",它与存在以 │      │ 在"存在"的方式 │
│ 相同的方式存在。│      │ "存在",那么存在│
│                │      │ 也是不存在的。 │
└────────┬───────┘      └────────┬───────┘
         │                        │
         └────────────┬───────────┘
                      ▼
             因此,没有东西是存在的
```

了与巴门尼德这类哲学家同场竞技的高度。在这次演讲中，高尔吉亚做出了三个论断：没有东西是存在的；如果某物存在，我们无法知道它；即便它既存在又为人所知，也不能传达给他人。

高尔吉亚在尝试证明第一点"没有东西是存在的"时，指出了很多哲学家彼此之间都互不认可。有人说宇宙是单一的，有人说它是多重的，甚至还有人说它是被创造出来的，而另外又有人称，它一直存在。他又进一步提出了一个观点，也许仅仅在语义层面上，通过承认没有而存在，这样我们便是承认了存在。再进一步，如果我们说，没有存在的"存在"与存在的"存在"有同样的存在性，那么这就意味着存在是不存在的。通过这条推理线，高尔吉亚最终得出了一个令人难以置信又激动人心的结论，即没有东西是存在的。

普罗迪科斯

普罗迪科斯（鼎盛期在公元前 5 世纪）是雅典的一位智者，关于这个人物，我们所知甚少，但他作为智者技艺的一名典型阐述者，出现在了柏拉图的对话里。在一组名为《克拉底鲁篇》(*Cratylus*) 的对话中，苏格拉底对于普罗迪科斯对教育进行分层收费的做法，进行了善意的抨击。他抱怨说，自己负担不起价值五十德拉克马的全套教育方案，所以只想听一场德拉克马的演说，将就一下。在另一段柏拉图的对话《欧蒂德谟篇》(*Euthydemus*) 中，普罗迪科斯被塑造成一个主要关心名称正确性的人。亚里士多德给出了这种嗜好的一个例子。他说，普罗迪

赫拉克勒斯被迫在快乐和美德之间做出抉择。

科斯把喜悦（joy）、欢愉（delight）和快活（cheerfulness）作为不同类型的快乐（pleasure）区分开来。他精心构思创作了一则神话，说看到赫拉克勒斯被两位仙女同时拜访，分别是快乐与美德。前者为他奉上的是轻松惬意的生活，而后者则给他一条充满挑战和艰辛的光荣之路。最后赫拉克勒斯选择了美德。

安提丰

安提丰是公然支持在人法和自然之间做出区分的倡导者之

一。他写过一本书,题为《论真理》,同时涉及了宇宙学和人类学相关的问题。据称,他曾与苏格拉底对峙,质问他为什么不收取足够的金钱而过上体面的生活,反而要穿着破衣烂布,像个吝啬鬼一样节衣缩食。传言安提丰放弃了创作悲剧和政治实践,他在科林斯的市场里设立了一个摊位,把自己

安提丰的《论真理》这本书是智者学派极少留存下来的文字片段之一。

安提丰在科林斯的市场里设立了一个摊位,进行医治工作。

■ 智者学派新创词的例子

智者	术语	描述对象
高尔吉亚	活动的棺材	秃鹫
安提丰	起皱	地震
普罗迪科斯	喜悦、欢愉或快活	快乐

的医治服务售卖给那些经受苦痛之人。

他的修辞风格据说与高尔吉亚相似,比如他把地震描述为"变皱",另外还有其他各种新创的说法,也都出自他口。

《双重论证》(*dissoi logoi*)

这部作品出现的时期远在雅典的古典时代之后,这个时期是智者学派活动的顶峰,有着关于智者学派核心观点最准确且最

一个陶罐被打破,也许对它的主人来说是一件坏事,但是对于售卖陶罐的人来说,则是提供了一次商机。

迷人的记录，即，论点可以被论点击败。这部被称为"自相竞争的论点"的著作，是一次样例的汇编。这些样例展现出，几乎在生活的任何一种场合，一个论点都可以分为两面。而这项工作一开始，就要反驳这个世界上存在好的事物和坏的事物。

例如，一个罐子被打破，对于罐子所有者而言是一件坏事，但是对于卖罐子的人而言却是一件好事。胜利对于胜利者而言是好事，而对于失败者而言却是坏事。通过这种方式，这个小小的论题遍历了数不尽数的例子，而最终都指向同一个结论。这种分析从好至坏扩展开来，延伸至得体与羞耻、正义与不公、真实与虚假，诸如此类。

■ 智者学派新创词的例子

场景	对谁是坏的？	对谁是好的？
穿坏的鞋子	鞋子所有者	鞋匠
撞烂的船只	船只所有者	造船的人
战争	波西人	希腊人
疾病	病人	医生

◎ 要点总结

- 智者学派是自诩的"智慧的人"。他们声称自己有能力教授各种各样实践的技术,比如美德或政治。
- 智者学派的兴起,源自对于有技巧的法律辩护需求、哲学论证的无效性以及教育市场的缺乏。
- 著名的智者普罗泰戈拉称自己有能力教授美德,并通过教学换取金钱。普罗泰戈拉给他的学生们留下的深刻印象是,对各类语言进行分析的头脑。
- 普罗泰戈拉相信,人是万物的衡量标准,这意味着事物本身没有真实性,他们的价值和意义依赖于他们在我们眼中呈现的方式。
- 高尔吉亚以他新创的词语、精心的措辞和严密的推理著称。他争辩说,即便某物是存在的,我们也无法知道它,即便我们知道它,我们也无法传达给他人,因此,没有东西是存在的。
- 《双重论证》或"自相竞争的论点"是希腊化时期的文献,使用样例展示出,对于所有的话题,几乎在一切情况下,极为精练的论点都可以分为两面,不论是好与坏、得体与羞耻、正义与不公。

第 10 课

美德即知识
苏格拉底

苏格拉底（约公元前 469 年—公元前 399 年）是哲学家的典型，是前世的哲学呼之欲出而后继的哲学竞相争仿的人物。他的形象影响之深远，乃至于在他之前的哲学先驱都被统称为前苏格拉底哲学家。而这种影响主要是经由他的学生柏拉图的学生亚里士多德之手而实现的。

亚里士多德点出了由苏格拉底引入哲学的三件事。第一，他关注伦理问题而忽视物理理论；第二，他寻求共相；第三，他自始至终都

苏格拉底是所有的古典哲学家中最有名的一位。他关注的焦点是伦理问题。

在追问定义。这种说法大体上与学者们公认的柏拉图早期对话内容一致。据信，柏拉图在这些早期的著作里描绘了一个更忠实于历史真相的苏格拉底形象。相比之下，出现在后期对话里的苏格拉底形象，越来越多地被深奥难解的形而上学和现象学问题所占据。当然，苏格拉底从来没写过任何东西，所以我们所知的一切都来自少数同时代人的记述，其中包括历史学家色诺芬、喜剧作家亚里士多芬尼和哲学家柏拉图，此外还有一些来自其他作者和后代逸事的片段。亚里士多德虽然与苏格拉底隔了两代，但也被视作一个宝贵的资源。至今为止，就大众认知的苏格拉底和苏格拉底哲学而言，柏拉图还是一个最有影响力的信息来源。但是关于柏拉图在对话中描画的苏格拉底形象的可靠性，以及他可能添加的各式各样的明暗处理，还是不乏学术上的争议。

哲学之罪

在《申辩篇》中，苏格拉底面对腐化青年、藐视雅典的传统神祇和引进新神等指控，为自己展开辩护。"申辩"（apology）在古希腊语中就是法律辩护的意思。他最终被判有罪，然后喝下毒酒，被迫自杀。在这些罪名的语境下，我们得以初识苏格拉底在雅典城中的公众形象。

苏格拉底绝不是无神论者或反宗教者。他曾在几则不同的对话里明确反对那些他认为是对神不敬的描述：通奸、说谎、谋杀、性格狭隘而善妒。这种关于神的改良观念，与被荷马和

苏格拉底在他的审判结束后饮鸩自杀。

赫西俄德等传统诗人影响的传统神学发生了龃龉。在传统神学中，诸神之间的内讧和通奸是稀松平常的事。

　　苏格拉底还有一个罪名是，作为青年人的老师，他收费教学。在当时，收费教学是智者学派的特征，这就把苏格拉底同那些没有原则的智者联系在了一起。苏格拉底在自我辩护中说出了几名为财教学的智者姓名，并否认自己曾有过同样的行为。苏格拉底确实与雅典城的青年过从甚密，但谁也说不清，他到底是在从事教学活动，还是仅仅是在与青年进行交谈。苏格拉底与智者学派的联系是显见的，而且亚里士多芬尼的剧作《云》无疑加强了这种印象，苏格拉底在剧中被刻画成一位精于诡辩的占星术士。不管怎么说，这种印象都无法帮助他在法庭上讨到好处。除了这些正式的指控外,苏格拉底的性格中还有一点也引起了众怒。他习惯在城市的市场到处找人谈话,并用各种各样的问题骚扰他们,常常令他们陷入苦恼之中。接下来,我们就要转入有关这种谈话方式的一次更为正式的探察了。

苏格拉底的反诘法

苏格拉底追问着事物的定义,其中首要之务是求索诸如节制、智慧或正义等道德品质的定义。当他与某人展开一段对话时,他会问:"X是什么?"在《欧绪弗洛篇》中,X是虔诚;在《卡尔米德篇》中,X是节制;而在《拉凯斯篇》中,X则是勇气。

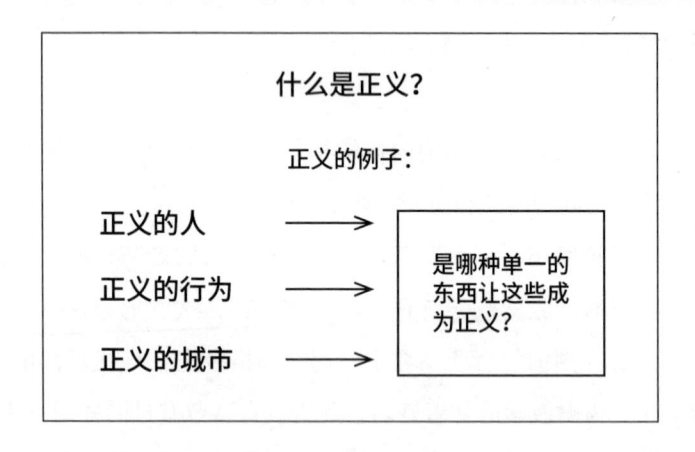

什么是正义?

正义的例子:

正义的人 →
正义的行为 → 是哪种单一的东西让这些成为正义?
正义的城市 →

在展开这些对话的过程中,苏格拉底常常会努力反驳与他对话的人,反驳的过程被称为"反诘法"(elenchus),在希腊语里是反驳的意思。在一场对话中,对话的一问一答改变并影响着反驳进程。从表面来看,苏格拉底和他的对话者在每段对话

苏格拉底通过在雅典城居民之间展开的对话来表达自己的哲学。

一把摇椅没有四条椅腿，还是一把"椅子"吗？

中都持有不同的意见，追问的是诸如勇气这类道德品质的定义。而在对话情境中的反驳，它的定义比一次反驳的临时性定义具有更宽广的意义。

例如，苏格拉底向约翰询问椅子的定义。约翰回答说，一把椅子"就是一种有四条腿的家具"。苏格拉底仔细揣摩这个定义，并提问：一张桌子是不是椅子？约翰说不是。然后他问约翰：一把摇椅是不是椅子？约翰说是。然后苏格拉底指出，桌子是家具，有四条腿，而摇椅没有四条腿，却仍被认为是一把椅子。最后，苏格拉底向约翰展示出，把"有四条腿的家具"作为椅子的定义与约翰对桌子和摇椅的认识是不一致的。虽然这只是一个简化版的示例，但这就是苏格拉底实践反诘法的基本方式。

反诘法

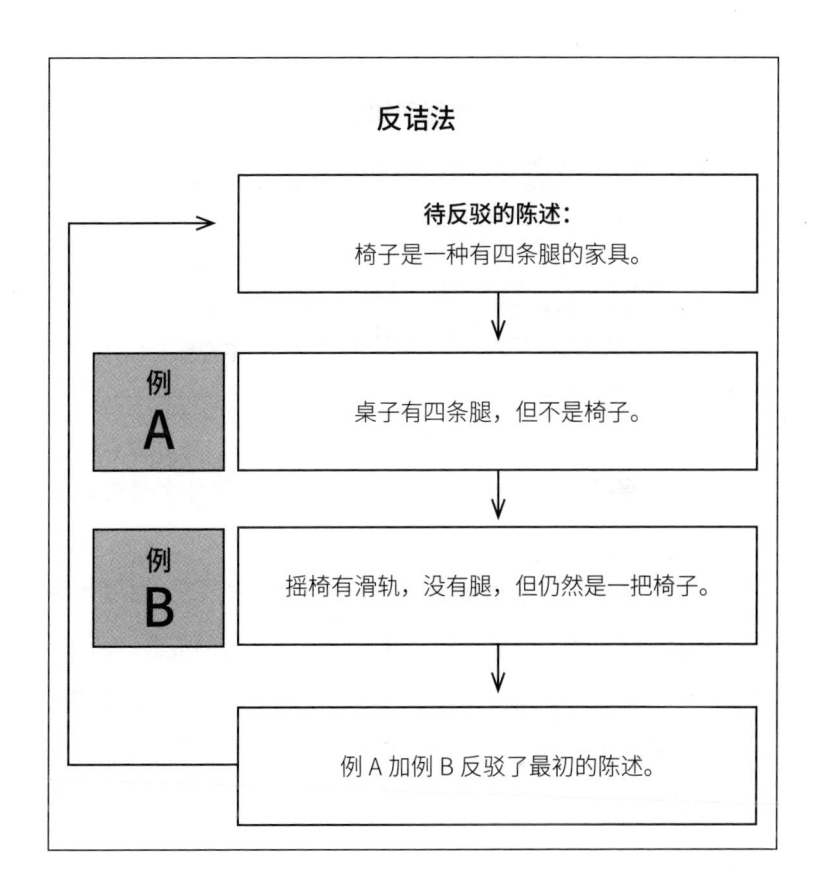

待反驳的陈述：
椅子是一种有四条腿的家具。

例 A：桌子有四条腿，但不是椅子。

例 B：摇椅有滑轨，没有腿，但仍然是一把椅子。

例 A 加例 B 反驳了最初的陈述。

美德即知识

可想而知，作为一个看重事物定义的人，苏格拉底对知识极为重视。可虽说苏格拉底看重所有的知识，却还是把伦理知识置于其他知识之上。话又说回来，不同人类活动的不同种类的知识都彼此关联，共同提供了一种分别在每一类活动中表现卓越的能力。比如，一个熟知几何学的人，会成为一名优秀的几何学家。苏格拉底相信，通过类似的方式，一个熟知道德善

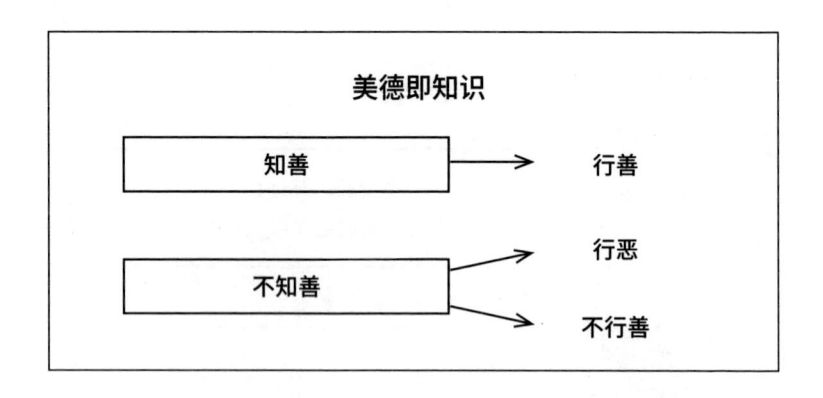

```
┌─────────────────────────────────┐
│          美德即知识              │
│   ┌──────────┐                  │
│   │   知善   │ ───→  行善       │
│   └──────────┘                  │
│                      ┌→ 行恶    │
│   ┌──────────┐      │           │
│   │  不知善  │ ─────┤           │
│   └──────────┘      └→ 不行善   │
└─────────────────────────────────┘
```

恶的人也会成为一个好人。换句话说，仅仅知晓什么是善，就足以且必然会引导一个人成为好人。

不论正确在不同条件下的具体含义是什么，这种知识伴随着一种做正确之事的渴望，和一种完成正确之事的能力。所以，简单来说，苏格拉底坚信，一个人只需要拥有关于美德的知识，就可以变成品德高尚之人，也可以更强硬地说，如果一个人拥有关于美德的知识，那么这个人就一定有高尚的品德，因为美德即知识。

没有人会自愿犯错误

苏格拉底的美德即知识这一观点，所需要面对的问题之一就是解释为什么有些人没有选择美德，自愿放弃高尚的行为，选择了恶毒的行为。苏格拉底不认为有人会自愿犯错误。因为没有人会心甘情愿地按照违反美德的方式行动。那么，问题就在于该如何解释那些显示出人们是自愿选择错误行动的行为。苏格拉底相信，美德即知识，这就意味着，一旦美德这种知识

按照苏格拉底的说法，没有人自愿犯错误。他们犯下恶行是由无知所致。

被人掌握，那么那个人就会自愿地遵从美德。这其中隐含的一个意思是，知识的欠缺或者无知是人们弃善从恶的原因。移除这种无知，即获得知识，会使人的品德高尚。

苏格拉底还认为，所有的人都渴望幸福，讨厌悲惨。因此，他相信没有人会愿意采取那些引向不幸生活的行动，特别是恶的行动。所以，当那些选择了恶的生活的人，在选择时相信自己所采取的行动是善的，即便事实并非如他们所想。换言之，他们行的是表面的善，而不是真善。正是在这个意义上才可以说，没有人自愿犯错误。因此，人们所做的错事，那是因为他们出于无知而追求表面为善、实际为恶的东西。

美德的同一性

在这场关于美德的讨论中，苏格拉底通常所想的是四种古希腊的美德：智慧、节制、正义和勇气。每种美德都有同样的目标——善，对于每种美德而言善都是相同的，所以苏格拉底笃定地说，美德是同一的。

美德是同一的这个观念还有另一种理解方式，就是把智慧置于所有美德的至高处。意思是，如果一个人有智慧，那么，他就也是勇敢，或者是有节制、正义的，可能还想到了虔诚。苏格拉底赞同一个常识性的观点，认为这些美德中的每一种，都在促进一种幸福的生活。可是，不寻常的一点是，他还相信各种美德都是同一种知识，通过把每种美德都认定为同一类型的知识，苏格拉底才确信，在某种意义上，每种美德都在设法持有为善之物。如果一个人不知道如何节制地生活，那么这个人也就没有智慧。反过来说，勇敢本身就包括了智慧，因为勇敢必定牵涉判断力、明辨力和理解力。

◎ **要点总结**

- 苏格拉底的思想经由柏拉图的文字留存下来,标记了哲学探究的一个分水岭。在他之前以及与他同时代的哲学家都被称为前苏格拉底哲学家。
- 与前苏格拉底哲学家不同的是,苏格拉底关注道德哲学,并通过对话和一种"反诘"(反驳)过程追寻事物的本质。他运用反诘法以图让他的对话者自我反驳。
- 苏格拉底相信,仅仅知道什么是善的就足以使人为善并做出正确的事。相反,无知会阻碍对于正确行动的执行,或者导致某些不正确的行动。
- 所有的人都渴望幸福,导致不幸生活的恶行来自无知,因为它们错误地呈现出了正确的选择。
- 苏格拉底相信,每一种美德——智慧、勇气、节制、正义——都是同一种知识。因此拥有了智慧也就拥有了全部的美德。

第 11 课

灵魂被分为三部分
柏拉图

柏拉图（约公元前 427 年—公元前 347 年）可以说是有史以来最重要的一位哲学家。他创办了自己的哲学院校"学园"，并担任第一任校长。学园不仅创立了现代世界中"学院"的概念，还是现代大学的前身。苏格拉底去世的时候，柏拉图才二十多岁，"学园"的创立对他产生了深远持久的影响。它不仅为柏拉图的对话赋予了戏剧的特征，还是这些对话的哲学饲料。

苏格拉底的学生柏拉图在他的学园里创建了第一所哲学学院。

柏拉图显然同时借鉴了悲剧和喜剧的对话形式，以及另外一种

色诺芬是除柏拉图之外唯一一位记录了大量苏格拉底式对话的作者。

半喜剧化的文学形式——哑剧。不仅如此,在柏拉图生活的时代,还有一种流行的文学形式,被称为"苏格拉底式对话"。除了柏拉图以外,其他作者留给我们的此类对话大多是零碎的断篇。只有历史学家色诺芬是个例外:他的作品里包括了一部苏格拉底式对话的回忆集。

柏拉图的对话常常发生在某人的家里,可以讨论一个话题,也可以讨论多个话题。

不论如何,柏拉图的对话形式可以通过任意数量的人物展开,并且通常发生在各种各样的地方,比如体育场或某人的家宅。这种对话形式可以包括一种或几种话题,还经常发生在一个与柏拉图写作对话时间不同的戏剧化日子里。因为有了这些可变动的部分,对话里通常很难甄别出柏拉图想要表达的哲学意义。显而易见的是,柏拉图是在借助他笔下人物之口说话,所以我们很难确定,假设他确有判断,那么柏拉图对于笔下人物所持的观点到底抱有怎样的信念。尽管如此,大量的话题和观念在这些对话中得到了反复强调,而且通常是经由苏格拉底之口说出。也可以合乎情理地说，苏格拉底在某种程度上维护了这些观念。

三部分灵魂

柏拉图的《理想国》一书中，有一段关于人类灵魂的描述，他把灵魂分为了三部分。

首先，灵魂不是肉体，而是永恒之物。我们的灵魂比我们的肉体更加真实。灵魂的第一个部分被称为"欲望"。肉体的渴望，比如对于食物、水和性的渴望，都属于这一部分。第二部分是"激情"。愤怒、勇气和其他激烈的情感都属于这一部分。它也许可以被认为是我们灵魂中具有意志的一面。只是这也很

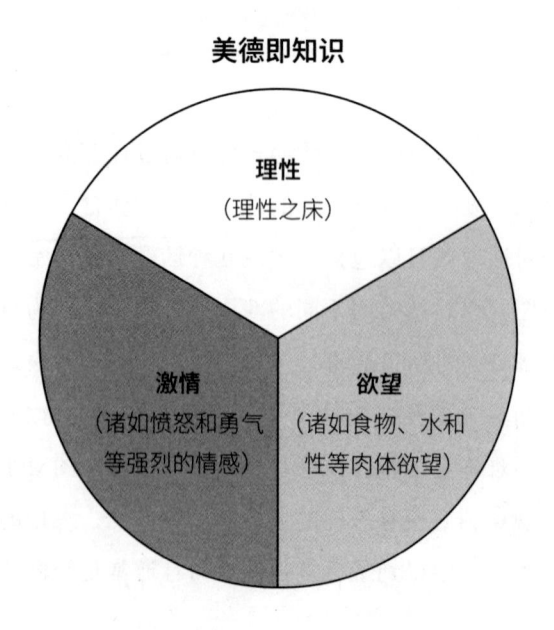

美德即知识

理性
（理性之床）

激情
（诸如愤怒和勇气
等强烈的情感）

欲望
（诸如食物、水和
性等肉体欲望）

难说准，因为柏拉图关于激情的灵魂所言甚少。第三部分是"理性"。这是最重要的部分，因为在一个井然有序的灵魂中，正是这一部分支配着"欲望"和"激情"两部分的思想与行为。不仅如此，它还对欲望和激情两部分下达命令，使它们得以为保障一个人整体的利益而正当地运行。灵魂的理性部分用理性统治其他两部分，从而在善和美的尺度上为整个人精心谋利。

两个世界：可知的世界与可感的世界

柏拉图还把世界分成了两个部分，或者更准确地说，他分开的是现实。一部分是"可知的"，一部分是"可感的"。我们可以看到、触到、感觉到和闻到的一切，都属于可感的部分。它是我们在日常生活中肉体的、具象的物质。只有那些可以被比喻为"看见"或者被心灵捕获的东西才属于可知的范畴。可知的世界比可感的世界更加"真实"。不但如此，可感还依赖于可知之上，这一点会在下一节继续探讨。

被分割的线

为了更好地说明可知与可感领域的区分，柏拉图在《理想国》里用一条几何线段进行了类比。更重要的是，这个类比还说明了"善的形式"。虽然柏拉图的哲学并未对这个神秘元素有充分的解释，但是它至少发挥了两种非常重要的作用。即，善的形式决定了知识对象的真实性，赋予了有知之人知道的能力。

柏拉图还用太阳做类比说明善的形式——太阳把光带给了

太阳可以被用来作为"善的形式"的一个类比——它把光亮带给风景，但是风景并不能被认为是光本身的源头。

其他事物。例如，太阳照亮了石头、湖泊、地面和树林，而被照亮的这些并不能被认为是太阳或者是光的源头。在这则类比中，太阳代表着善的形式。

可知和可感领域的概念也得到了更进一步的阐释。可知的领域又被一分为二，既包括数学和科学的真理，也包括了形式（Form）；而可感的领域也被分为两部分，一方面是物质的客体，另一方面则是形象和阴影。这四种子分类分别由一种对应的人类心灵能力掌控。如此一来：

在可知的领域里，形式由理解来领会；

在可感的领域内，数学和科学的真理交由思想来掌握；

物质客体由信念所把控；

形象与阴影通过再现捕获。

善的形式凌驾于这一等级序列之上。它不仅决定了可知和可感世界的现实性，而且被说成是"超越存在"之物。

■ 被分割的线

	灵魂的能力	领域
形式	理解	可知
数学／科学的真理	思想	
物质客体	信念	可感
形象与阴影	再现	

形式论

自柏拉图之后，形式的作用及其如何起作用，就一直是个充满争议的话题。古希腊语中的"形式"一词通常被翻译为艾多斯（eidos）或者观念（idea），这两个词同源自一个意思为"看见"的词。这一促生了形式论的哲学问题，看起来似乎是知识的问题。柏拉图认为，在我们日常与万物即可感世界的互动中，万物处于一种永恒的流变状态中。人，以及在更宽泛意义上的动物，都会变老、死亡，而植物会凋零，岩石则会风化。看起来，没有任何东西是不被流变状态所影响的。在柏拉图看来，这引发了一个问题：如果万物总是在变，那么一个人怎么能知道任何事情呢？我以为我知道的事情，如我的身体，如果它每天都在变,那么它究竟是什么呢?柏拉图认为,在可感的世界里,不存在任何关于事物的知识。而形式论至少在部分上给知识的可能性提供了一个答案。

如果某物是不变的,而且是无限期地不变,即永久不变,那么这就是一个很好的可知的潜在对象。在柏拉图的哲学里,形式就是永恒的、不变的实体,而可感世界中的特定事物,则会以某种方式从中衍生出它们各自的存在,即美的形式、智慧的形式、统一的形式等。每一样美的事物都以最大限度的可能性,携其美的特质,"参与"到这个形式之中。例如,一朵美丽的鲜花参与到美的形式之中,直到它凋零或是不再美丽的那一

世界存在于一种永恒变化的状态中——所以植物、动物和人会成长、成熟,然后凋零或死亡。

In Villa ab Academo attributa
Suâ Plato condit Academiam
Salvator Rosa

柏拉图在同他的学生和同侪们辩论后，改良了他的理论。

时刻为止。可以说,任何一种以此方式参与到某一形式之中的事物,都是这一关系中的个别。而形式则是所有参与其中的事物的模型或范式(paradigm)。在最小化的层面上,这意味着个别模仿范式,或者是范式的复制品。

人们相信,柏拉图在展开对话的过程中,通过回应批评与反思,不断地修正他的形式论。某些改变可能会涉及对于曾是无限种的形式数量,进行删减以及提升形式在形式—个别关系(Form-particular relationship)中的重要性。

回忆和转世

柏拉图深信转世学说。他相信转世的一个原因,是来自学习的过程。严格地说,他并没有把这个过程视为某种新东西的习得,反而看作了对前世所得知识的回忆。他通过比较两根木棍,展示出了一个观点,我们可以说有两根木棍是"等长"的,可不管我们拿出哪两根木棍,它们都绝不可能完全等长。也就是说,我们是在把它们与等长的形式相比,虽然等长的形式的确相等,但是两根木棍却是低了一级的相等。话虽如此,自出生起,我们就有能力对相等性或美或正义等形式做出判断。既然我们自出生起就一直拥有这些知识,那么也就意味着,我们

这两根木棍也许会被描述为"等长"的,但是当与等长的形式做比较时,它们都比不上它。

元　素

正四面体
火

正八面体
气

正二十面体
水

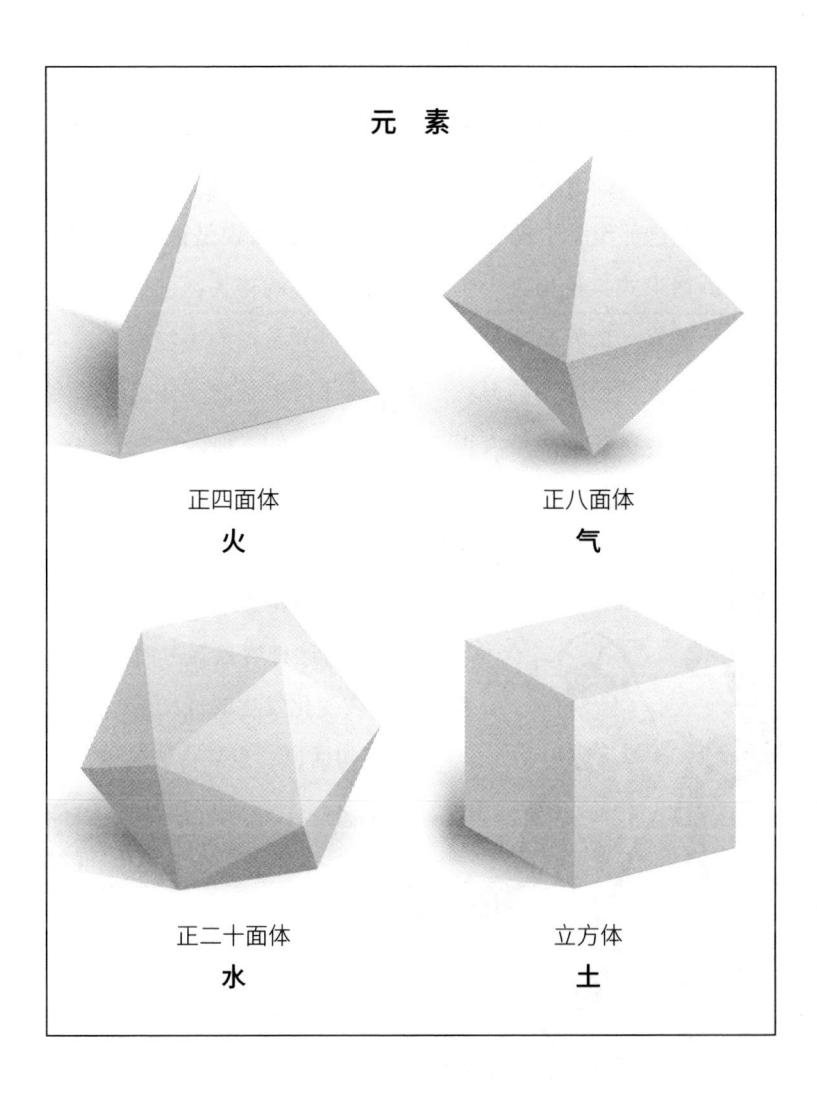

立方体
土

并没有学过这些形式。根据柏拉图的解释，我们仅仅是在回忆前世的形式，并用这些形式作为那些不完美的个例的量尺进行比较。

物理世界

虽说宇宙的创造和建构,看起来不如可知世界那么重要,但是晚年的柏拉图还是在《蒂迈欧篇》(*Timaeus*)一书中写到了它。他在这部作品中提出,一名创世者,或者说是神圣的匠人,通过诉诸形式打造出这个世界。他是无上的善人,把世界设计的至为美好。世界是一种具有本身的世界灵魂的生物。宇宙本身是球体,是最完美的形状,小小的几何形状的实体组成了宇宙的物质。比如,水是由正二十面体组成的,而以太则是由金字塔形组成的。

随着讨论的推进,柏拉图又引入了一个奇怪的概念,这一概念后来又被称为"容器"。这种容器是一种隐藏的基底,它在变化发生时经历着这种变化。换句话说,当某物从 X 变成 Y 时,不论这一基底是什么,都是一种元素:它让我们可以提出,与之同样的事情经历了从 X 到 Y 的改变。这番对话最有趣的一方面,是持续地提起目的论,或者说对于目的

在《蒂迈欧篇》中,柏拉图称,一名神圣的匠人通过诉诸形式而创造了世界。

的解释。匠人创造了最好的宇宙，而人类作为宇宙的宏观典范，展示了宇宙的设计。他的头是灵魂的向导，因此头位于身体的顶部，而且是圆形。胸中则蕴含着更为珍贵的感觉，而居于其下胃中的，则是相对不那么惹人喜爱的激情。其他器官也得到了类似的解释，甚至包括灵魂。

◎ **要点总结**

- 柏拉图相信,灵魂被分为三个部分:理性的部分,包含了理智,在一个安然有序的灵魂中控制着其他两个部分;激情的部分,即愤怒与热情的温床;还有欲望的部分,其中住着肉体的欲望,如对于食物、水和性的欲望。
- 现实被分为可知的和可感的领域:前者被分为形式(包括善的形式)以及数学与科学的真理,而后者则被分为物质客体和形象/阴影。
- 善的形式解释了所知之事和知事之人的存在,正如太阳照亮万物,还赐给那些可见之物以光明。
- 形式论要解决的是在事物看似处于恒定流变之中的条件下的知识问题;个别像一朵美丽的鲜花一样,参与了美的形式,而这一形式完美地具备这种特质。
- 柏拉图笃信转世,并相信我们是在回忆知识,而不是获得知识;前世的知识潜伏于我们体内,使我们得以将事物与形式进行比较。
- 在柏拉图《蒂迈欧篇》这本讨论物理世界的著作里,一位神圣匠人塑造了这个世界;通篇对话都在从设计和目标的角度描述宇宙与人,并将后者视为宇宙的微观缩影。

第 12 课

世间生物皆有灵魂
亚里士多德

亚里士多德（公元前384年—公元前322年）是柏拉图的徒弟。这位哲学家广涉生物学、逻辑学、物理学、修辞学、政治学、伦理学、神学、心理学、形而上学及其他诸多领域，提出了具有先锋性和深远影响力的发现，并发表了鲜明有力的见解。亚里士多德师从柏拉图二十余年，兴许可能接任柏拉图学园的校长之位，却受到了柏拉图的外甥斯珀西波斯的排挤。在这之后，亚里士多德就离开了学园，创办了自己的学园"吕克

亚里士多德是柏拉图的学生。他创办了自己的学园——吕克昂。

斯珀西波斯是柏拉图学园校长的继任者，而不是亚里士多德。

昂"。吕克昂的路面有一条自然形成的步行道，正因如此，亚里士多德和他的学生们才被称为逍遥派（Peripatetics），因为这个名字源于古希腊语中形容"四处散步"的一个动词。

关于亚里士多德的著作有这样一种说法：我们无法见到亚里士多德的全部著作，只能看到他原作的五分之一左右。柏拉图有着"文风最讨人喜欢的作者之一"的美名，但亚里士多德的作品则是稠密难懂的散文。这在很大程度上要归咎于现存大多数作品不完整的属性。我们所看到的文字，很可能是演讲笔记或稿件的一部分，要想进行正确的理解，通常必须补上出自他先前作品的前提假设，或者归于他身上的臆测信念。

亚里士多德是一个涉及多领域，非常博学的思考者，这让我们在努力理解他的哲学的同时，还要考虑来自多种不同领域的人类知识。他的大部分哲学观点都是对他的老师柏拉图的回应，且时而有相左之处。鉴于他对于此时此地的重视，亚里士多德常被认为是一位具有常识感的哲学家。亚里士多德的这一声望可谓名副其实，因为他常常寻求保存现象，也就是说，他寻找解释的方式，意在支持事物表面存在的方式。这与柏拉图形成了鲜明的对比。后者寻求的是事物的真正现实，因为他认为这个世界处于不可知的流变状态之中。

除了这种现象学保守主义之外，亚里士多德的哲学方法通常还包括两种其他的特征。第一种是，他会调查人们的想法，被调查者既包括有影响力的人物，也包括平民。他不仅会评论这些人言论的对与错，还会把他们的贡献作为自己言论的基础。第二种方法是，亚里士多德推进特定话题的方式，是通过试图回答出自谜语的问题,或者他正在研究的某个特定领域的难点来实现。

四因

四因是亚里士多德在《物理学》中提出的,属于他用来解释事物如何生成的概念框架的一部分,有时把它们说成四种解释会更好理解一些。亚里士多德在这本书中引入了因的概念,并使用"为什么?"这个问题为其创造了一个语境。因是对于某物为什么以其生成的方式生成的解释或回答。依照惯例,这些因在英文中被称为 material(质料因)、efficient(动力因)、formal(形式因)和 final(目的因)。

质料因也许是最容易记住的一个因,而且是某物被造出的基本材料。例如,如果我们看到一尊丘吉尔的半身青铜雕像,那么我们就知道那个质料因是青铜。换句话说,这尊塑像由青铜组成、制成或产出。

动力因开启把某物变成现下状态的变化过程。还拿刚刚说到的半身雕像举例,因施加了动力,那尊半身雕像成了如今的形状。因此,雕刻者或者雕塑的工具就是这尊半身像的动力因。

形式因是某物所采用的形式或形状,或者更抽象地说,形式因是一个事物的定义。就半身青铜雕像而言,它的形式因就是它所有的特性,也包括丘吉尔饱学多识的皱眉。丘吉尔的脑袋就是这尊半身像的形状、形式或定义。

根据亚里士多德的构想,目的因是"所为之物"。这通常可

四因

1. 质料因	2. 动力因

3. 形式因	4. 目的因

IN HONOR OF THE PRIME MINISTER OF OUR FINEST HOUR

以简化为目标,或者有时也可以被想成终点或标靶。半身像的目的因可以设想为"为了"装饰或纪念丘吉尔的任期。

十范畴

据亚里士多德所说,他在《范畴篇》一书中,使用了一种应用于"存在的事物"的方案。我们不清楚亚里士多德是如何得出数字十,或者这特定的十范畴的,但是它们很可能是作为就某物提出一个问题的方式而出现的。这些范畴按顺序排列就是:实体、数量、性质、关系、位置、时间、姿势、状态、活

■ 亚里士多德的范畴

样例	范畴	回答的问题
马	实体	它是什么?
两英尺	数量	多少/长/高/大?
白色	性质	哪种?
双重/一半	关系	与什么有关?
在市场里	位置	哪里?
昨天	时间	何时?
坐着	姿势	是什么构造?
穿着鞋	状态	用什么?
切割或点燃	活动	它在做什么?
被切割或被点燃	受动	它在承受什么动作?

动、受动。我们可以推测，亚里士多德认为这十种关于事物如何存在，以及如何描述这些事物的范畴，是不可简化且独立排他的。例如，如果我们要问某物是什么，就会通过实体范畴寻求答案，比如"它是一匹马"，如果我们要问"这匹马有多高？"，就要使用数量的范畴回答，如"两英尺高"。

此外，亚里士多德也给其他范畴举出了样例：性质的例子是"白色"，关系是"双重"或"一半"，位置是"在市场里"，时间是"昨天"，姿势是"坐着"，状态是"穿着鞋"，活动是"切割或点燃"，受动则是"被切割或被点燃"。简言之，存在物被划分成不可简化的种类，它们互不相容，而且大多数情况下可以通过分类法回答我们有关他物的任何问题。

灵魂

亚里士多德的灵魂（psyche）观念，与现代唯心论者融合了来世学说的观点背道而驰，所以很难理解。在亚里士多德看来，灵魂的本质是生命，因此，尽管亚里士多德认为不同的生命形式承载了不同的功能，可他还是认定植物、动物和人类一样拥有灵魂，这就不足为奇了。

在关注人类的灵魂时，亚里士多德又区分出灵魂和肉体，认为灵魂不是肉体，而是现实，肉体则是潜能，这与人们对亚里士多德的理解是一致的。亚里士多德认为，物质只是潜在的

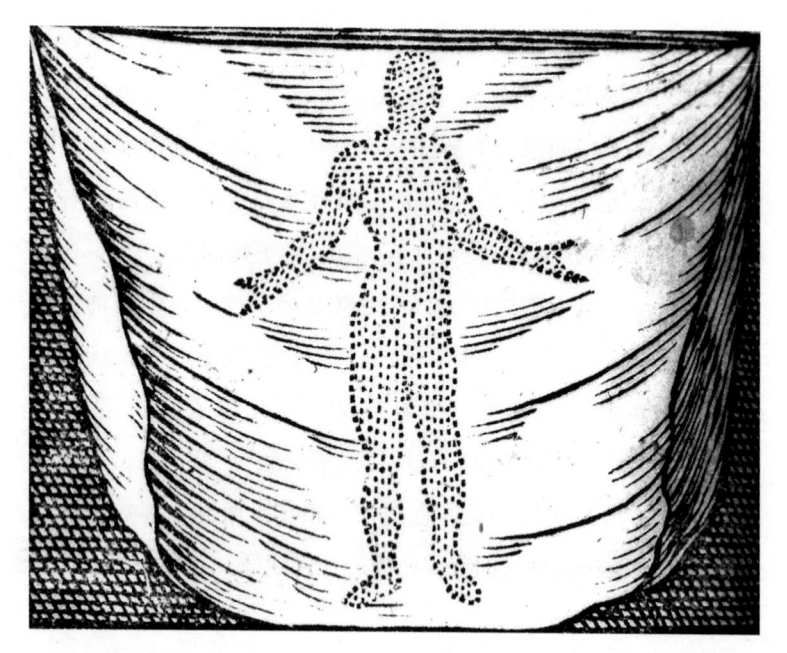

亚里士多德认为灵魂在本质上就是生命，而且据他所言，植物、动物和人类都具有灵魂。

某物，如被变形为一尊半身像的青铜。而灵魂本身就是现实[1]，如，变形完成后的半身像就是青铜的现实。灵魂是身体组织的有机原则，而身体机能也在这一原则内部运作。因此，灵魂是身体的现实，拥有按照人类身体运作方式进行运作的能力。

伦理学

同绝大多数古典哲学家的情况一样，伦理学（或者说如何

---

[1] 此处原文为潜能（potentiality），疑似错误。——译者注

生活）是亚里士多德一直关心的问题。他在《尼各马可伦理学》一书中阐释了自己的观点——这本书的书名可能来自他的儿子或父亲：尼各马可——亚里士多德相信，人们寻求最好的生活，这个观念一般用希腊语"eudaimonia"表示，意思是"受到众神的青睐"。这种理解有时被注解为"繁荣"，也可以被理解为幸福，只不过是以一种特定的亚里士多德的方式改良并认可过得幸福。在亚里士多德看来，这种幸福是某种我们为其本身而选择的东西——我们选择它，不是为了获得更多或者超越它的东西。

另外，这种幸福还必须充当其他一切美德的目的。也就是说，所有其他的美德，包括智力和伦理的德行，必须以这种幸福为目的而存在。公正、智慧、宽宏，最终都是为了幸福，获得这种幸福之后，我们就不再寻求这一幸福之外的任何东西了。关于这种幸福的完整论述中还提及，这种幸福是一种以善为特征的生活的高尚活动，不能仅依靠运气而活，需要由理性来引导。因此，高尚的生活是一种由习惯，

亚里士多德的幸福概念是"eudaimonia"，他相信所有其他的美德存在的意义就是为了帮助我们幸福。

伦理学是亚里士多德首要关心的问题，他把自己的观点传授给了显要的领袖，如亚历山大大帝。

适当地训练而实现的生活的状态或条件。

他的观点传授给了显要的领袖，如亚历山大大帝。

中值

每一种美德，都有对应的处于两个极端之间的中值。例如，就恐惧而言，我们可以进入两种极端的状态，鲁莽和怯懦。鲁莽是过度的极端，怯懦则是不足的极端。而勇气则是介于鲁莽

```
┌─────────────────────────────────────────────┐
│                 美德的值域                    │
│              （例：与恐惧相关）                │
│    ←─────────────────────────────────→      │
│      不足          中值           过度        │
│    （例：怯懦）  （例：勇气）   （例：鲁莽）    │
└─────────────────────────────────────────────┘
```

和怯懦之间的中值，是一个理想状态。因此，对于每一种美德，都有一对极值和一个理想的中值，而美德即附着在这一中值之上。

政治学

亚里士多德在《政治学》一书中表达了他关于政治科学的观点。他和学生收集了古希腊不同城邦的宪法，或者说是政府的方案，这成为他政治学研究的肇始。正如前文中丘吉尔半身像的形式是特定雕像，人的形式是灵魂，城邦的形式是宪法。因此，按照此处的理解，宪法不是一份写就的文档，而是为人立法并把人组织成一座城邦的组织观念或原则。正如在个人的心中，好生活和幸福是终极目标，城邦也有一样的目的。

根据亚里士多德的判断，政府的种类分为三种：一人统治、少数人统治、多人统治。每一个种类，都存在一个有益的版本和一个有害的版本。对一人统治而言，有益的版本是君主制，而有害的版本是暴君制；对少数人统治而言，有益的版本是贵族制，而有害的版本是寡头制；对于多人统治而言，有益的版

亚里士多德鉴别出三种政府类型,每一种都有一个好版本和一个差版本——由一人统治(君主制/暴君制)、由少数人统治(贵族制/寡头制)、由多人统治(立宪制/民主制)。

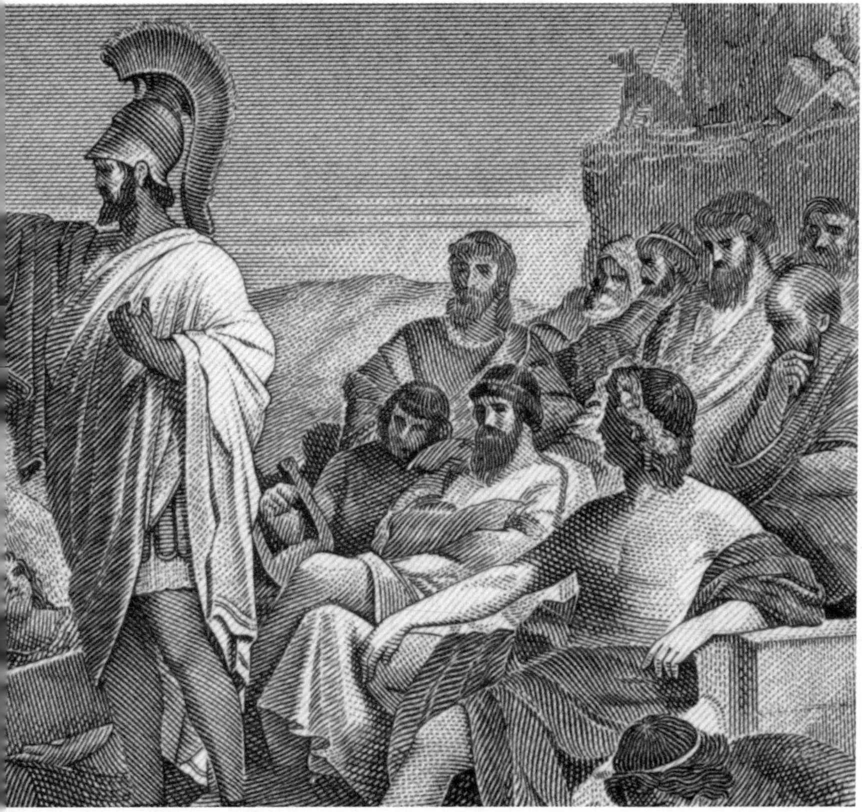

本是立宪制,而有害的版本(政府形式)则是民主制。在亚里士多德看来,最好的宪制是君主制或贵族制,要么选最好的一人,要么选最好的多人,由他们来为城邦的整体利益做打算。

■ 政府的种类

	一人统治	少数人统治	多人统治
好	君主制	贵族制	立宪制
差	暴君制	寡头制	民主制

◎ 要点总结

- 亚里士多德维护常识，并寻求支持事物表面存在形式的解释；他就一个话题收集人们的观点，并用他的著作回答关于某个话题的疑难。
- 亚里士多德的四因是质料因、动力因、形式因和目的因。以一尊青铜半身像为例，青铜是质料因、雕刻家是动力因、半身像雕刻出的形状是形式因、制造这尊雕像的目标是目的因。
- 十范畴是以就其提出的问题作为种类而区分出来的不可简化之物，它们分别是：实体、数量、性质、关系、位置、时间、姿势、状态、活动和受动。
- 所有的生物都有灵魂，灵魂与肉体不同，肉体具有潜能，而灵魂则是生物的现实，具有一套现实化的以某种特定形式生活的能力。
- 生命的目标是达到"eudaimonia"，即一种神赐的生活，即幸福和繁荣，而为了达到这一点，一个人必须依据寻求善的理性而培养美德。对于每一种美德而言，都有一种过度和一种不足，而人应该为了介于两种极端之间的中值而奋斗。

第 **13** 课

心灵优越于身体

亚历山大里亚的斐洛

在希腊化时期的犹太教哲学家当中，亚历山大里亚的斐洛是最为杰出、最具系统性的一位。斐洛（约公元前30年—40年）是犹太人大流散时期生活在埃及亚历山大里亚的一名犹太人。他生于一个富裕的家庭，接受过良好的教育。他的一生都在亚历山大里亚度过，只参观过一次耶路撒冷的圣殿。亚历山大大帝去世后，已知世界希腊化仍在继续，而且这种文化的影响也延伸到了宗教信仰的领域。这种文化交互有一种颇为有趣的现象，就是犹太教

亚历山大里亚的斐洛是一位犹太教哲学家，他利用哲学这门学科以更好地理解《旧约》。

很多犹太教知识分子转向古希腊思想求助，以图发现一种解读《摩西五经》的非字面义的方式。

和古希腊思想的结合。

　　古希腊思想吸引了当时的犹太教知识分子，原因之一是用非字面意义的方法解读《摩西五经》，而希腊人对于荷马的寓言式解读，已经为此提供了一个可以参照的先例。这一早期的学术研究，对于理解此类解读的语境是十分重要的。不论是对于荷马还是《旧约》，这种理解方法都意在从更深的层面挖掘出作者要表达的意思，而不是任意解释或者篡改。

　　希伯来与希腊思想的结合，还有另外一个目的，就是对于那些浸淫于古希腊哲学中的人来说，可以通过古希腊人和希伯来人所持的现实概念，观察到一种特定的张力。神是如亚里士多德

斐洛在自己的写作中，浓墨重彩地塑造了亚伯拉罕的形象，并使用他的哲学帮助回答了复杂的神学问题。

所认为的那样完全超脱于世，还是如以色列人眼中那样具有个人性？肉体是否如柏拉图所认为的那样，以某种方式受到了污染，还是说自然之神将肉体与一切造物一视同仁，认其为善？

如果说有一个人是代表希腊化犹太教的创造性与融合力的典型，那么这个人非斐洛莫属。他的大部分贡献，都出于他早期对哲学的深沉爱的结晶。斐洛用希腊语写作，并对宗教驱动问题持有独特的眼光，他的作品常以对《摩西五经》一书的争议或问题为导向。沿着这一思路，他写出了《论亚伯拉罕》《论摩西的生平》和《论〈创世记〉》。其余作品通常被区分为两类，一类是严格意义上的哲学著作，另一类则是带有一种辩解语气的具有与外部对话性质的论文。

斐洛除了为我们提供了了解当时哲学发展的窗口外，还有另外一种价值，就是他代表了一个通往理解那一时代更大知识范围的入口，这里就包括当时的犹太教和为《新约》铺路的"希腊罗马"思想。他的作品中无处不见诸多古希腊哲学影响的痕迹，包括伊壁鸠鲁主义、斯多葛学派、怀疑论、亚里士多德主义，并以柏拉图主义的影响为甚。

斐洛的寓言式解读

斐洛的《寓意解经》是在为犹太教辩护的背景下开始着手撰写的，而引发辩护的因由，要么是因为内部分歧，要么就是因为恶意批评。但凡有可能的时候，他都会尝试保存《摩西五经》字面上的真理，但是当这种字面主义行不通的时候，他便

寺庙、宇宙类比

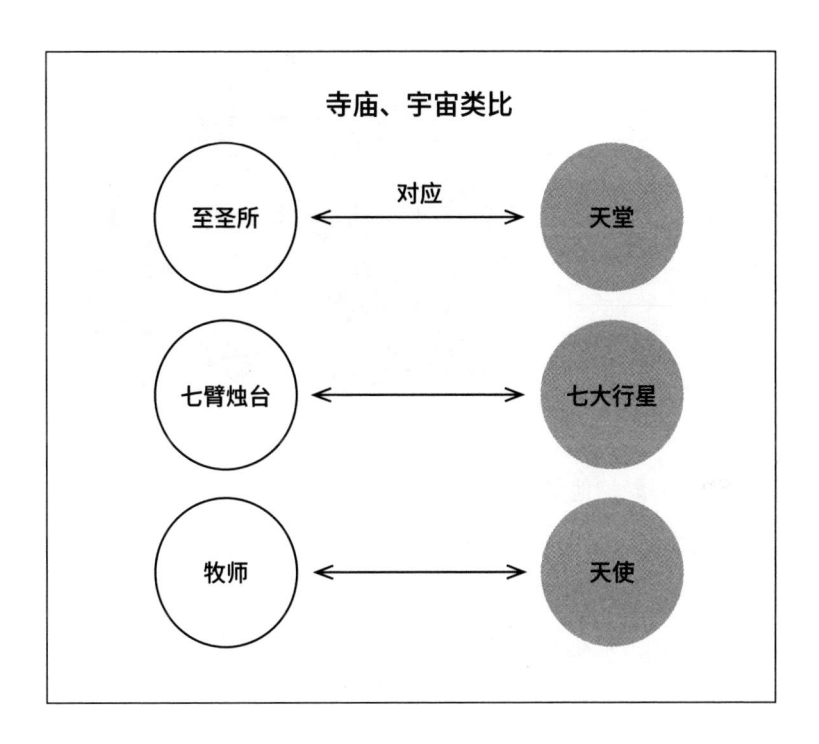

至圣所	↔ 对应 ↔	天堂
七臂烛台	↔	七大行星
牧师	↔	天使

会提供一些象征性的解释。结合正统思想来看，斐洛认为哲学无法与经文平起平坐，也就不足为奇了。倒不如说，对于被认定为神圣智慧的经文而言，哲学就像婢女——正如教育的过程是哲学的婢女一样。

不论是方法还是内容，斐洛的寓言式象征主义，通常都从古希腊哲学的思想中提取。例如，当讨论到犹太教的寺庙时，斐洛说，真正的寺庙是宇宙，至圣所是天堂，七臂烛台是七大行星的系统，而牧师则是侍奉上帝的天使。接着，他又对寺庙的其他象征意义进行了精细入微的解释。

尽管斐洛有时会把希伯来与希腊的文化巧妙地融合在一起，

根据斐洛的说法，犹太人和希腊人的献祭体系彼此紧密对应。

但是其他时候，他更感兴趣的是保留犹太人宗教里的独特主张。在这方面，人们可能立即会想到，希腊人和犹太人的献祭系统是否具有巨大的相似性。斐洛认为并非如此，以《创世记》第十五章为例，亚伯拉罕用牛、山羊、绵羊、鸽子和斑鸠进行了一次献祭。牛对应土，山羊对应水，公羊对应气，鸽子对应行星，斑鸠对应星辰。虽然斐洛认为这种解读更贴合文本，但是他还有另一种对于这次献祭的解读，这个解读更近于对人类的关怀。

在这种解读中，牛与人类的肉身相似，因为我们必须驯化

■ 献祭系统的双重解读

	宇宙	人类
献祭的动物	第一层解释	第二层解释
牛	土	人的肉身
山羊	水	感官的知觉
斑鸠	星辰	理性

我们的肉身，令其臣服于灵魂的领导。山羊与我们感官的知觉相似，斑鸠象征理性，其他动物也都以人类的构成，获得了类似的解释。

哲学式的神学

斐洛神学的正统性不亚于他对于经学的解读，而且他同样在此用哲学表达自己的信仰。上帝超脱于世，不属于被造物，那些被造物，包括星辰以及其他天体，虽然常常被古希腊人神化，但在斐洛这里却被拉下神坛，落入被创造之物的地位。由于上帝的本质被视为他人，斐洛循着古希腊关于存在与现实的传统，把神描述为真正存在的那一类。当摩西请求上帝现身的时候，没有任何一种感官可以感知到上帝，也没有人指望心灵可以构想出上帝。正因如此，斐洛辩称，上帝把自身呈现为隐形和无实体的样子，这就意味着，人类永远不可能获得关于神圣本质的知识。尽管我们无法直接认识上帝，却还是可以通过他的力量触达并获得部分知识。

逻各斯

如果问上帝是如何通过力量来发挥作用的，只能说调节这些力量的是道（Word）或逻各斯。斐洛对于道的描述近乎拟人。道是上帝的第一个儿子，是天使之长。除了道这个名字之外，他还被称为第一原则和上帝之相。道具有中间物和工具性的本质，斐洛对此给出了一个令人印象深刻的解释：道是宇宙船长用来驾驶万物的舵。

因为道的本质扮演了"舵"的功能,而且道是宇宙中最早诞生之物,所以很多人都认为它占据了介于神圣和被创造之物中间的位置。有些话语似乎既把道提拔到上帝的高度,又把它描述为某种被创造出来的次要之物。关于道详细的描述,似乎都公然地、创造性地借用了柏拉图式的理论哲学。道被描述为上帝的影子,转而又成为在它之下各层级创造物的原型。道就像是一位匠人,如果用希腊语来说,是一位巨匠造物主,它创造事物并留下自己的印记。在这一体系内,正如宇宙是道的倒影一样,人是宇宙或乾坤的倒影。在一种基于柏拉图式主题的神学情节中,斐洛把宇宙分成了可知和可感两部分。可知是上帝和天使的领域,而人类以及物理的宇宙则居于可感的领域之中。

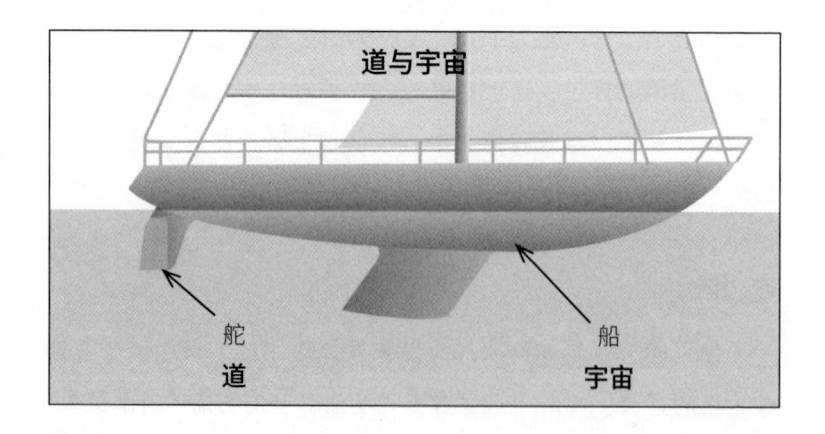

道与宇宙

舵
道

船
宇宙

人类

古代的思想家,特别是柏拉图,认为个体是世界的小宇宙,

"可知"是专属于上帝和天使的领域,而"可感"则是人的世界。

而世界则是人的大宇宙。对于这种关系,斐洛也提出了自己的见解。在由两部分组成的宇宙中,可知领域先于可感领域。在一个人之中,将人作为上帝之相而进行的神圣创造,比形成于尘土之中的人的身体更为重要。然而,斐洛做出的这种区分,并不是我们理解的灵魂与肉体之间的区分,而是斐洛心灵或智力(希腊语 nous)与身体(希腊语 soma)的区分。这自然与宇宙的类比形成了呼应:道指引宇宙,心灵指引人的身体。

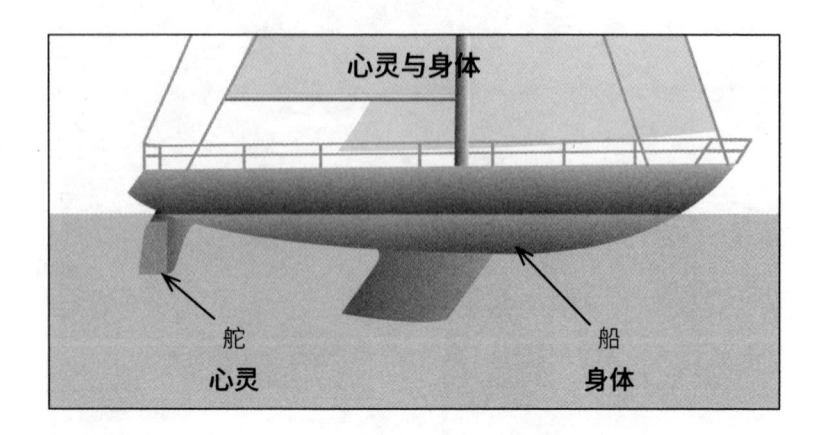

心灵与身体

舵 — 心灵
船 — 身体

斐洛的伦理学

斐洛的伦理学系统吸收了古希腊的美德列表:智慧、节制、正义和勇气。特别是,他追随斯多葛派的圣人,提倡一种智慧之人的模范,这种人可以规范自己,以模仿上帝的方式生活。然而,他强调的重点相较于斯多葛派系统有一个明显的不同,斯多葛派聚焦于圣人其人,而斐洛看重对于上帝的钦慕,与模仿为智者以及为所有其他人所提供的模范作用。在这种意义上，上帝是用来效仿的，因为他不会被诸如哀伤或恐惧等不理智的激情所扰动。人应该以理性自律，不受激情的操纵，这样才能过上无忧无虑的生活。

◎ 要点总结

- 斐洛是一名犹太教的哲学家,他代表了希腊化文化日益扩大的影响,以及古希腊观念与犹太教之间必然发生的知识上的调和。
- 斐洛的作品关注希伯来的经文,而一旦字面意义的解释看起来行不通时,他就会诉诸象征主义,启用寓言来进行解读。例如,犹太人牺牲献祭系统的象征意义。
- 斐洛眼中的上帝是一个完全超脱尘世的、真正的存在,只是以一种人类心灵无法想象的形式存在。上帝通过逻各斯或道来运用他的力量,而道作为一种神力的道具,被斐洛隐喻式地描述为"宇宙之舵"。
- 斐洛认为心灵的创造优先于身体,这就好比在宇宙中,精神实体的可知世界比物质的可感世界更优越。
- 宇宙或乾坤只是道的一个倒影,而人类又是宇宙的一个倒影。
- 根据古希腊的四种美德,圣人应该作为模范被人仿效,而圣人本身则要寻求模仿上帝的范例。

第 14 课

拒绝信仰：从未存在的认知性印象
怀疑论者

作为一种哲学态度，怀疑论的种子早在成熟的怀疑论走上台前或者说是形成一种思想流派之前，就已经散播开来。怀疑论起于苏格拉底持之不懈却又常常没有结论的提问，以及他声称自知自己一无所知的箴言，然后我们又看到，他的学生柏拉图向我们世界的现实性发出了疑问，并呼吁建设一个由形式和不可改变的永恒性组成的世界。智者学派的怀疑性甚至更强，他们的观念与实践不惜以放弃关于世界的信念为代价，都以金钱和政治的实际考虑为中心展开。

在古希腊的哲学里，怀疑论有两种主要的变体。一个是学院派的怀疑论，之所以如此称呼，是因为柏拉图学院的继承者们最终成了很长一段时间怀疑论的拥护者。另外一派则是以一个哲学流派的创始人皮浪命名的"皮浪怀疑论"。

学院派的怀疑论

柏拉图去世七十五年后,阿尔克西拉乌斯成了柏拉图学园的校长。阿尔克西拉乌斯将学园发展和改良柏拉图系统的传统弃之不顾,转而把注意力放在了提出可以同时支持一个问题之两面的论据上。

学院派的怀疑论既无法脱离历史哲学的语境,也离不开当时的气候。其实,有些特定的哲学被武断地提上论坛,其中最显著的便是对斯多葛学派的系统性辩护。虽然感官印象理应绝对可靠,可阿尔克西拉乌斯却设想出两种情境,令真实之物的复制品或伪造物可以愚弄印象。有例子可证明,第一例是把一只鸡蛋错认为另一只,或者另一种相似之物,比如把双胞胎之一的约翰错认为他的兄弟詹姆斯。其实,我们还可以把这一观点延伸至现实的人造版本上,比如误食一口蜡制苹果。这种错觉的第二个例子是梦。在梦中,我们可以感受各种各样的视觉、听觉和嗅觉,这些并非来自误物,而是来自无物。

阿尔克西拉乌斯提倡了一种关于信念的悬置。但是,不甚明朗的是,这究竟意味着他认为知识在某种意义上是不可能存在的,还是仅仅是指在某些哲学系统里,对于知识的认领是无效的。

卡尔内亚德

卡尔内亚德(约公元前 214 年—公元前 129 年)在阿尔克西拉乌斯之后执掌学园,并且同前任一样,他也追随苏格拉底

两例知觉疑问的情况

复制品

哪个是哪个?

鸡蛋

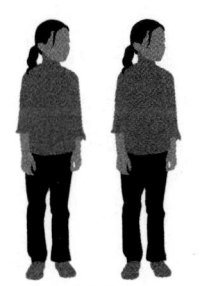

双胞胎

梦

的脚步，视其为追求真理而又不袒露自己信仰的楷模。关于卡尔内亚德的一则最有名的逸事，是他被派出使罗马，前一天还在为正义立论，可第二天就提出了驳斥自己的反例。

即便已经认识到反对知识的怀疑论论点的敏锐性，日常生活中仍需存在，而且更重要的是，还要尝试过上幸福的生活。为了这一目的，卡尔内亚德提出采纳可能性或"to pithanon"的原则。特别是在感知方面，卡尔内亚德

卡尔内亚德在某一天开心地为正义辩护，而第二天则反而驳之。

允许我们被看似真实或令人信服的印象所说服，即便这些印象事实上是错误的。印象的可信度可以用量尺度量：对于那些相对不怎么重要的东西，可以降低可信度标准。而对于更重要的事，确信阈值就要高得多。

可能性的量尺

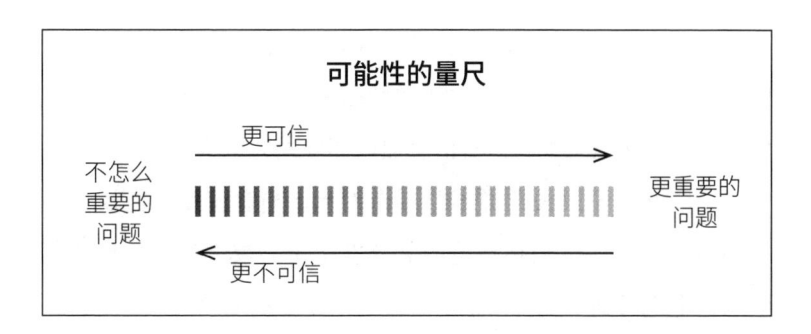

```
                   更可信
    ←─────────────────────────→
不怎么                                    更重要的
重要的   ||||||||||||||||||||||||||||     问题
问题    ←─────────────────────────→
                  更不可信
```

拉瑞萨的菲洛

在卡尔内亚德的成果之后,拉瑞萨的菲洛(约公元前159年—公元前84年)进一步修订了怀疑论。菲洛相信,知觉——至少某些知觉——很可能是真实的。这种对于知觉的略显冷淡的说辞,发生在与斯多葛学派持续论争的语境之下。他利用斯多葛学派的论据来反对怀疑论自身的学说,拉瑞萨的菲洛首先提出了绝不认可非认知性印象的圣人,即斯多葛学派理想化的智者(认知性印象告诉了我们,有关世界的内容或者世界存在方式的某一方面信息,比如知觉表示一个苹果的方式,而非认知性印象则不会提供关于世界的信息)。于是,人们能够认可的,就只剩下认知性印象这一类,但是

> 智者绝不应认可不提供关于这个世界的信息的印象。

菲洛又认为，他已经表明，认知性印象是不存在的。因此，既然认知性印象不存在，而非认知性印象绝不应被认可，那么我们要采取的正当态度就是对信念加以怀疑式的拒绝。

学园怀疑论的没落并不是逐渐发生，当学园新一任校长安提阿古上任时，学园怀疑论的衰落发生于一夜之间，并且还让学园完全返回到了柏拉图正统教义的早期形式之中。

皮浪主义怀疑论

怀疑论流派的创始人是皮浪，他最初的职业是画家。如果关于他的那些逸事是真实可信的，那么他对于世界上发生的事乃至自己身上的事都漠不关心。事实上，正是因为他所持的这种态度，朋友们才会在他平常度日时紧紧跟在他身后，而且至少有一次曾把他从一辆马车的轮下救了下来。

一次，皮浪在暴风雨中乘舟而行，他

皮浪创立了怀疑论的流派。

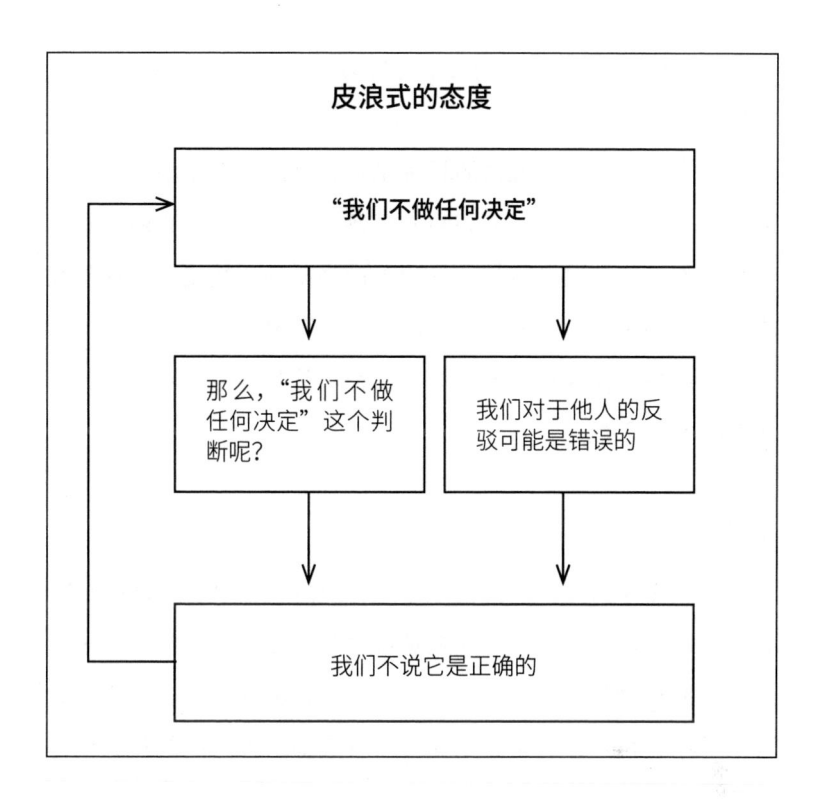

```
┌─────────────────────────────────────────────┐
│              皮浪式的态度                    │
│                                             │
│         ┌─────────────────────┐             │
│    ┌───▶│  "我们不做任何决定"  │             │
│    │    └─────────────────────┘             │
│    │         │         │                    │
│    │         ▼         ▼                    │
│    │  ┌──────────┐  ┌──────────┐            │
│    │  │那么,"我们│  │我们对于他│            │
│    │  │不做任何决│  │人的反驳可│            │
│    │  │定"这个判 │  │能是错误的│            │
│    │  │断呢?     │  │          │            │
│    │  └──────────┘  └──────────┘            │
│    │         │         │                    │
│    │         ▼         ▼                    │
│    │    ┌─────────────────────┐             │
│    └────│  我们不说它是正确的 │             │
│         └─────────────────────┘             │
└─────────────────────────────────────────────┘
```

向同舟者说,船里的一头猪正在欢快地用餐。皮浪告诉同舟者,这才是一个有智慧的人应有的生活方式,就像一头猪对暴风雨视而不见一样。虽然这些故事的精确性可能存在一些疑问,但是它们在某种程度上表明,即便皮浪的怀疑论没有如此极端,他也是彻头彻尾地持有怀疑论,并因此被左右着行动和思想。

皮浪主义流派在拒绝论断这一点上贯彻得极端彻底。不出意料的是,他们猛烈地反对他人的论断和主张,也不放过对于自己的审查。只是皮浪主义者称他们没有任何主张,甚至他们都不反驳与自己对立的观点。这些皮浪主义者称"我们不做任何决定",甚至保留了他们对于论辩对手的反驳不正确的这一可能性。

在实践中,这一流派的目标是悬置判断,即希腊语中的悬搁(epoche)。关于这一点可以这么理解,这种对于判断的悬置至少是部分地认同了我们在知识上的局限性。接受这些局限性将引向一种平和,一种哲学上的宁静。不论这是一个哲学上的所求,还是仅仅为侥幸的结果,这种宁静都预示着对于世界上诸般纷扰的逃离。

十种模式

皮浪主义者运用了一种为了辩论的名为十种模式的方法。它们并未形成一种系统,而是被用来故意地在感知与思想的确定性中制造疑问,并通过这种方式,或是驳斥关于这些心灵状态的教条式信念,或是至少为另一种表面上互斥的解释方式打下基础。

第一种模式指出,动物在它们对于乐与善的评价上立场不同。例如,毒芹对人是致命的,却是鹌鹑的食物。第二种模式称,即使在同一种类内部,比如同样是人,动物

毒芹对人是有害的,同时又对鹌鹑有益。

的本性也是不同的。例如，有人喜欢打牌，有人喜欢打猎，还有人喜欢读书。第三种模式关心的是单一动物不同感官之间的差异。例如，苹果对于一个人而言，自身就有不同的感受。味觉上，它是甜的；视觉上，它是红的；嗅觉上，它是芳香的。第四种模式提醒我们，不管我们是在睡梦、清醒、生病、年老，还是处于某种情绪化的状态之下，我们因自身所处状态的不同，所体验的事物也不一样。第五种模式，不同文化间有不同的习俗和法律，所以各种各样的东西，如美、价值及合法性，在不同的地方都会发生剧烈的变化。第六种模式说，我们无法通过事物本身了解任何事物，因为周边条件和状态会改变它所表现的和被感知的方式。比如，一块巨大的石头只有在空气中才是沉重的，当把它放入水中，就很容易挪动了。第七种模式指的

如睡眠这种条件会影响我们体验事物的方式。

是事物的相对位置和排列，以及这如何影响我们对它们的感知。太阳，因为距离很远，所以看起来很小。一条直线，从特定的角度看过去，就会变弯。第八种模式与此类似，关注的是事物的相对数量或质量。吃得太少会让人饥饿，吃得刚好让人满足，吃得太多则会让人生病。第九种模式讲的是熟悉与陌生。如，对于那些频繁经历（地震或下雪）的人而言，这些并不是不寻常的现象。第十种模式处理的是事物之间的关系。即，强与弱或上与下的测量，取决于它们相对于他物的关系，而不由它们本质中某些独立客观的事实所决定。也就是说，"上"只是关系中的上。例如，池塘在地面上，而树

我们可能是强壮的，但只是跟孩子相比才强，而不是跟举重运动员相比。

■ 皮浪主义怀疑论的十种模式

1. 动物之间的不同	6. 条件和状态的不同
2. 人类之间的不同	7. 表现上的不同
3. 感官之间的不同	8. 数量和质量上的不同
4. 心理状态的不同	9. 熟悉与新奇的不同
5. 文化相对性的不同	10. 关系的不同

则不是；强也只存在于关系之中。例如，孩子的强壮，并不等于举重运动员的强壮。

要点总结

- 柏拉图辞世几代之后，学园在阿尔克西拉乌斯的带领下拥护了怀疑论，他基于事物的可复制性，如双胞胎、梦的错觉性怀疑知觉，并主张一种对于信念的悬置。
- 卡尔内亚德在阿尔克西拉乌斯之后接手学园，出于对日常生活的让步，主张一种可能性原则，为更重要的问题赋予更高的可能性标准，但不那么重要的问题则以一种较低的可能性标准来判断。
- 卡尔内亚德认为，认知性印象并不存在，非认知性的印象不应被纵容。于是，卡尔内亚德得出仅剩的一个选项，那就是拒绝信仰。
- 皮浪创立了皮浪主义的怀疑论，接过了学院派的怀疑论，主张对于信念的完全悬置，或者悬搁，这不仅应用于他人，也施加于自身，结果就是对于任何事物都不持任何意见以达到一种平和。
- 皮浪主义者有十种模式，用以引发、论证或例证怀疑论，并对教条式的信念提出疑问，或者也可以说，以一种普遍的方式在信念之中制造疑问。

第 15 课

顺应自然的生活即美德生活
斯多葛学派

斯多葛学派的哲学家们常常在雅典市场的"画廊"里进行哲学讨论和演说,这个地点的古希腊语"stoa poikile",便是这一学派命名的由来。画廊中陈列的是波吕格诺托斯等画家的著名壁画作品,斯多葛学派的创始人是西提姆的芝诺,因此这一学派最早的追随者被称为"芝诺主义者"。后来与其具有同等影响力的代

斯多葛学派的名字得自于他们在雅典画廊 stoa poikile 的集会。

表人物还有克雷安德（约公元前330年—公元前232年）和克吕西普（约公元前280年—公元前206年）。

芝诺的第一部著作今已失佚，书名与柏拉图影响深远的《理想国》使用了希腊语中的同一个词"Republic"。后来有一位哲学家总结了这本书的内容，称其主要描绘了人们在没有城邦或部落联盟的状态下的生活。在这种状态下，所有

西提姆的芝诺是斯多葛学派的创始人。

人的生活合而为一，形成一种世界秩序，这种秩序的设计和维护不受区域利益的排外性限制，而是交付给普世理性裁决。芝诺哲学著作中的这一概念，为阐释他哲学系统中的其余部分，提供了一个很好的入手点。因为他本人的作品存世甚稀，我们只能满足于通过后继者的文字来推得他的指导原则。

伦理学

斯多葛学派把哲学划分为伦理学、物理学和逻辑学，这是在他们自身系统的鼎盛期前后颇具影响力的一种分类法。在伦理学方面，他们持有一个唯一的、压倒性的论点，并常常引发

Arête，或曰美德，是当时大多数哲学家的终极渴望。

争议,即美德是实现幸福的充分条件。由此,在道德发展的领域,善也依附于持有的美德,并只能以持有美德的方式定义。这种善的观念,及其连带的对于幸福的追求,排除了财富、金钱、名声、性乃至健康的积累。这并不是要禁止他们拥有财产,而是要以此确认,对于善的生活以及幸福而言,只要有美德就足够了。

切莫忘记,当置于道德和才智的范畴内时,美德,即古希腊语中的 arête,便成为卓越的代名词。这不仅对斯多葛学派如此,对当时普遍的哲学群体而言亦如此。其引生的一个必然结果是,既然美德是唯一的善,那么只要达成并维系了美德,就没有什么东西是坏的。也就是说,像死亡或疾病这样常见的事,不会被认为是坏的,因为它们也许有通向持有美德的潜在可能,但更重要的原因是,它们与美德的持有没有必然联系。很多被人们普遍认定为好东西的事物,比如金钱或名声,都被斯多葛学派认定为"无关紧要",即古希腊语中的"adiaphora",表示拥有它们与美德的状态无关,而不是说它们完全没有价值或者阻碍了道德的发展。这些无关紧要的好东西跟无关紧要的坏东西一样,并不是凭借各自与美德之间的关系,而是通过彼此之间的关系获得了它们的价值。不论斯多葛学派对于美德生活的自我描述如何,他们的道德系统有很大一部分都依赖于他们应用在世界的"好东西""坏东西"与"无关紧要之物"之上的心理眼光。

顺应自然

斯多葛学派的道德系统自始至终寻求自我与美德一致，在一个更大的尺度上，还追求顺应自然地度过此生。认识这一点的最佳方式就是去理解，斯多葛派的道德景观是嵌在整个宇宙之内的。人类只是宇宙这一生命有机体的一部分，如果人类的功能在某种程度上变得无效或衰败，那么世界的状态也会受到同等程度的损害。

把行动与自然协同在一起的冲动，与斯多葛学派的另一个概念紧密相关。这种独特的学说被称为"oikeiosis"。这个词字面上意义来源于"一个人自己的东西"，与"allotrion"相对，后者的意思是陌生。如果要用一个英语单词进行翻译，最贴切的应该是"亲近关系"这个词。在亲近关系中，我们可以想象，当一只动物刚刚降生在这个世界时，它会立即感受到它与自己的生命与存在之间的紧密联系。于是，它追求的便是那些有助于它自己的生存、发展以及当下和未来福祉的东西。换一种角度来说，这种感觉还等同于这样一个事实，即如果它与自身疏离，并且无视自己关注自身生命发展的本能，那么这就是不自然的。这种亲近关系不仅局限于动物，还适用于所有的造物。

就人类的情况而言，亲近关系经历了一段相当复杂的发展过程，直到合适的年纪，人才获得了使用理性的能力。这种自然变化在他体内唤醒了一种趋向伦理生活的冲动，包括不再只追求他自身的利益，而是把利益的范围扩大并涉及家庭和城市。为了演示亲近关系自身成熟和发展的观点，一位晚期的斯多葛学派学者希洛克勒斯，想象出了一系列把人包围起来的同心圆。最

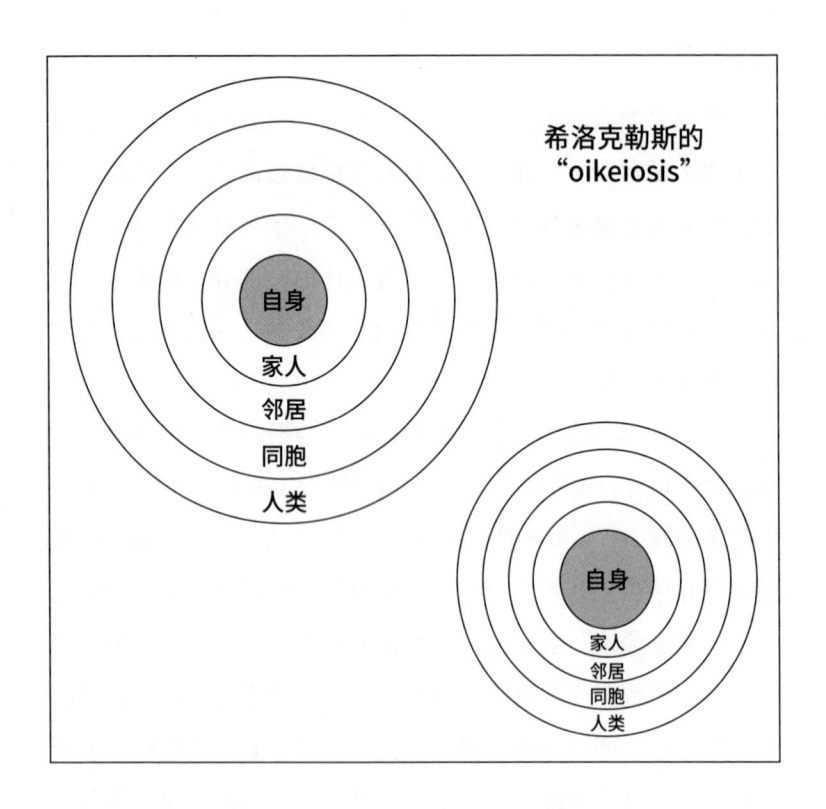

中心的一个圆是自身，而在向外的更大的圆里，围住的是家人、邻居和同胞，每一个圆都围住了前一个圆，直到最后一个圆把人类作为一个整体围在了圆内，最后最远的圆会向内紧缩，于是一个人对待人类中的任何一员，都会像对待自己的兄弟一样。

道德选择

斯多葛学派利用道德区分出三类主要的范畴。第一类是道德上"值得选择的"，即应该被追求的行为；第二类是坏的东西或应该被拒绝以及"谴责"的行为；第三类也是最后一类，是不好不坏但又"无关紧要"的行为。虽然无关紧要，这些行为还是可以被进一步区分为"更受偏爱的无关紧要"和"不受待见的无关紧要"。更受偏爱的无关紧要之物，其满足条件的判定标准是，采用这个选项是否有助于促进道德意义上的好生活。因为这些判定条件内置于以良好生活为目标的道德词汇表里，所以这些范畴本身便以它们的实用性进行描述。道德意义上的好东西是"有用的"和"有帮助的"，而坏东西则是"有害的"，无关紧要之物要么是"有优势的"，要么就是"有劣势的"。当然，在现实生活中识别并追求所有这些变量，需要对实践性的智慧加以培养。

■ 道德选择的范畴

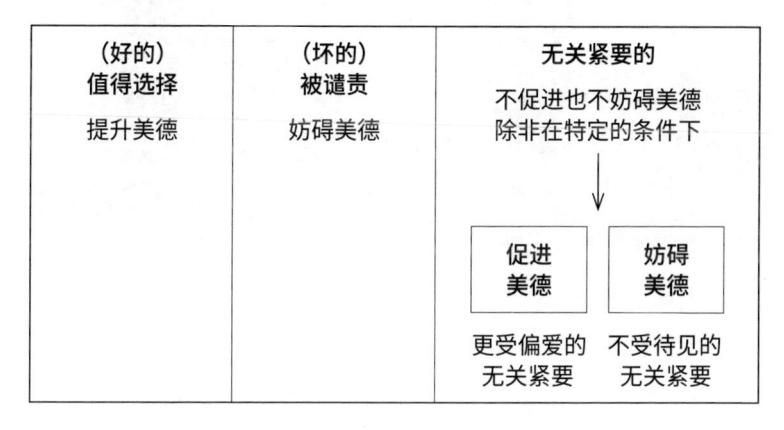

（好的）值得选择	（坏的）被谴责	无关紧要的
提升美德	妨碍美德	不促进也不妨碍美德 除非在特定的条件下 ↓ 促进美德 / 妨碍美德 更受偏爱的无关紧要 / 不受待见的无关紧要

斯多葛学派的圣人

斯多葛学派在他们的圣人理想中构想了一个有能力，通过准确的推理以及自身的智慧来完成日常选择的人。也就是说，

圣人要规避四种情感,恐惧、贪婪、痛苦和快乐。

这一类人是生活艺术的大师,能把每件事做好。有鉴于此,某些晚期的斯多葛学派的学者承认,如此这样的哲学家并不存在,或者鲜有其人。尽管如此,这还是所有人都希望达到的那个理想,而朝着这个目标前进的人则被称为"前进之人",即古希腊语的"prokopton"。"斯多葛"这个词在今天被用来表示没有情绪，其用法在某种意义上精确地对标古典哲学。斯多葛学派认为，过度的情感有四种——恐惧、贪婪、痛苦、快乐——与理性相悖，因而将被深谙其道的圣人所回避。

物理学

斯多葛学派相信在古希腊物理学中被讨论到的普遍实质：土、气、水和火。但说到底，这四种元素背后还有物质和神的存在。气和火是主动的元素，它们的活动就为了证明土和水是被动的元素。

神是主动的原则，而物质是被动的原则，前者作用于后者之上，塑造了物质的形态。通过这种方式，神被认定为逻各斯，这是一个饱载语言学深度的希腊词汇，一个词含有言语、意义、定义、逻辑、形式等意义。当某物拥有了生命，它就具有了主动的气和火的混合物。如此一来，灵魂，即希腊语中的 psyche，便是一种物质的实体，而不是大众想象中那样鬼魅缥缈、转瞬即逝的一缕瞬息。这种灵魂经由身体展开，而它的中心靠近心脏，

■ 斯多葛学派的物理理论

气	主动的	作为"逻各斯"的神	主动的
火			
水	被动的	物质	被动的
土			

名为"hegemonikon",即灵魂的主导部位,也是理性的中心。

斯多葛学派的物理学还有一个更加不可思议,且令人过目难忘的部分,那就是他们相信世界的秩序将被一场宇宙大火灾终结,而后又会一丝不差地全部重复来过。这场大火之后,此前的现实只残存一点余烬,一个新的世界秩序在此后随之兴起。

逻辑学

斯多葛学派在逻辑学上的贡献向来为人称道,这其中不仅包括我们认为的形式逻辑,还包括更广泛意义上的辩论法、修辞学、语法和语言学。他们对于可言或可说之物的关注是一个有趣的领域,即古希腊语中的"lekta"。这指的是一个词的意义,而不是它的声音或者拼写。斯多葛学派意识到,这些可言之物并不是实体性的存在,于是给它们分配了一种次级的存在性。如此,他们得出了一个令他们的批评者喜闻乐见的悖论,即因为因只能是物理性的,因此言语的意义无法成为事物的因。当可说之物组成一个句子的形式,并可以被评价为真或假时,它们便被称为可主张之物。除了语言学的范畴外,斯多葛学派还研究并发展了逻辑三段论的形式,并表示其正是由可主张之物组成的。

最后,拉丁语作家西塞罗在一则关于芝诺的逸事中发现,斯多葛学派的知识理论还提出:心灵只认同真正的印象。一只张开的手掌就像一个印象,握起来的手则是对于这一印象的认同,而死死攥紧的拳头就是对于原始印象的掌握,在希腊语中用"katalepsis"(字面的意义是"握")表示。

印象　→　认同印象　→　掌握

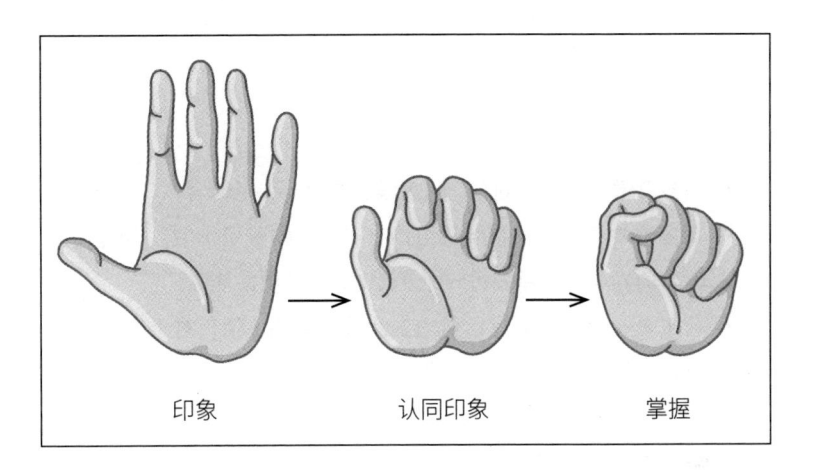

◎ **要点总结**

- 斯多葛学派把哲学划分为伦理学、物理学和逻辑学。
- 斯多葛学派的道德系统只给持有美德之物赋予价值，而其他所谓的好东西则降级到一种道德上无关紧要的地位。
- 斯多葛学派认为顺应自然的生活就是美德生活，对于人类而言，这就意味着要顺应正确的理性。
- Oikeiosis 或亲近关系代表了一个观点，即我们生来具有一种自我关怀的内在倾向，但是作为宇宙的一部分，我们正确的理性应当引导我们向外扩大这种关怀，从自身扩展到整个人类。
- 斯多葛学派把行为分为值得选择的、值得谴责的和无关紧要的，最后一种要么是受到偏爱的，要么是不受待见的，这只取决于这种无关紧要的行为是都通往一种道德意义上良好的生活。
- 虽然斯多葛学派接受了古希腊的四种普遍元素，但是他们认为上帝和物质才是对于这个世界最根本的解释，前者是主动的原则，后者是被动的原则。

第 16 课

宇宙是由原子和虚空组成

伊壁鸠鲁

花 园

伊壁鸠鲁（约公元前341年—公元前270年）出生于雅典，在萨摩斯岛长大。雅典作为众多古希腊哲学家的故乡而知名，而萨摩斯则是母邦[1]的一个新殖民地。据称，他是一名语法教师，但是在阅读了德谟克利特的作品之后，被哲学吸引。他还劝服自己的三个兄弟改行，全都转而从事哲学研究，其热情之

伊壁鸠鲁曾是一位语法教师，后来在阅读了德谟克利特的著作之后转向了哲学。

---

1 原文为"mother city"，指雅典。

伊壁鸠鲁在雅典创办了"花园",供哲学家辩论和探讨他们的观点。

盛,可见一斑。再后来,他返回雅典,开办了一所名为"花园"的学校,他的哲学信徒和同道得以在一个纯粹独立的群体间安身与兴荣。最终,伊壁鸠鲁派学者与这一地点联系在一起,花园也成为伊壁鸠鲁学派的一个代名词。

四重疗法

　　伊壁鸠鲁的《学说要点》(*Principal Doctrines*)一书,完全是由一系列教条式和结论性的格言警句组成，开篇的四个观点被后来的伊壁鸠鲁派学者秉承为他们已存哲学的典范。他们把这一组观点称为"四重疗法"，希腊语为"tetrapharmakon"。这种四重疗法清晰而精准地呈现了伊壁鸠鲁伦理系统的根基。第一条学说是，"神圣而不朽"者从不会制造或染上麻烦。也就是说，诸神都是与世隔绝的。他们既不干扰世界上的事务，也自然不会为凡人筹备死后的惩罚或快乐。由此，第二条学说随之而成，即"死亡对于我们而言什么都不是"。

"Death is noting to us"这句话在英语中的双重含义，在希腊语中同样存在。第一条学说，对于我们，死亡是没有价值的

根据伊壁鸠鲁派学者的观点，诸神远离尘世，而在今生为来世做准备是一个错误。

东西。第二条学说,因为感觉是生命的特征,而死亡是没有感觉的,所以死亡也不是一件我们可以体验到的事。第三条学说的主题是快乐。伊壁鸠鲁对此的建议是,快乐的程度是有限的,这种限度不是指可以吃多少食物或享受多少性爱,而单纯是指移除痛苦的部分。第四条学说正与关于快乐的建议相对应,主要讲的是痛苦的限度。痛苦有两类,长痛和急痛。我们可以安慰自己,急痛持续的时间很短,而长痛则给出了让快乐盖过痛苦的空间。那么,神性和死亡不是我们要关心的事,同时一定要理解,快乐和痛苦各有其限度。

■ 四重疗法

1. 神不能被烦扰,也不会给我们添麻烦 2. 死亡对于我们而言,什么也不是,因为我们根本体验不到它	不受我们的控制,对于我们是未知
3. 快乐的限度在于痛苦的移除 4. 痛苦要么在程度上有限,要么在持续时间上有限	在我们的控制范围内,对于我们可知

当领会了这些教导并在生活中加以应用时,生活就会充满快乐和福气。伊壁鸠鲁派有一个别致的术语"ataraxia",意思是摆脱痛苦和欲求。这或许是对这些教导最好的概括。

物理学

在伊壁鸠鲁主义以培育快乐为先的系统内,要想理解伊壁鸠鲁对于宇宙物理构成的表述,可能有些困难。他在《学说要点》中用这样一句话阐明了此中的关系:"不了解宇宙的本质,就不可能化解恐惧的对象。"如果我们对于宇宙的某些特质一无所知,那么这种无知就会玩弄并利用我们的恐惧,比如拿神会复仇来威胁我们。

我们对于伊壁鸠鲁的物理学的了解,主要来自《致皮托克列斯的信》(*Letter to Pythocles*)和《致希罗多德的信》(*Letter to Herodotus*)。他在最开始就清楚地表示,发生在宇宙之中事物的确定性程度,与直接在地面上发生的相比,更难确定。我们应该带有更小的确定性进入这类研究,因此要给出不止一个符合某一现象的解释。而研究方向是尽其所能地在地理现象与天文现象之间构造出一个类比。以闪电为例,闪电有三种可能的起因:要么是由火原子的释放引起的,要么是由外部的火原子引起的,要么是由风引起的。每一种解释中还包括了实现它的多重方式。

伊壁鸠鲁认为世界是无限的,这就意味着还有数不清的其他星系,而每种星系的中心自然都有一颗行星。他讨论了云、雨、雷、电的形成,对于多重世界的解释,与有关万物起源的构想严丝合缝地接合在一起。借助这些描述和解释,我们改变了自己的无知,抵御了恐惧,但是同时也认识到,宇宙的运转并不会受到神圣行为的某种有规律的干预所带来的损害。

闪电可以用三种起因来解释——火原子的释放、外部的火原子、风。

原子论

在自然主义和无神论的背景下,伊壁鸠鲁把我们引向了他的原子论,相信万物都是由数不清的、不可再分的、持续运动中的原子所组成。这些原子永远存在,并将持续存在于无穷无尽的未来中。原子有重量,迫使它们向宇宙的底部不停地下降。

在下降的过程中,还有一种关于原子偶然行动的说法广为人知。原子有时会"突然转向",与此同时,原子常规的线性下降就会被打断。这个学说引发了至少两种显著的后果。第一个后果是,原子会组成次级的实体,反过来说,这些实体由原子构成并依赖于原子,而这些组成实体的原子必定会在某一时刻偏离各自精确的路径,否则次级实体永远都不可能生成;第二个后果是,原子的这种轻微偏移,为自由意志的存在提供了一种哲学上的合理性——否则,你很难在原子论中找到解释——没有偏移,就没有自由意志,万物都会遵循可以预测的原子运动的精确结果,并且必定会沿着一条直线坠入宇宙的深渊。

除了原子之外,还存在作为原子活动的空间来理解的虚空。虚空是为运动的可能性而设立,原子是在这种虚空中下坠。这两种元素,虚空和物质性的原子,构成了宇宙的本质。宇宙在广度上是无限的,原子的数量是无限的,世界的个数也是无限的。

伊壁鸠鲁的原子论无所不及,甚至连灵魂也被视为物质。他认为,这个事实具有深刻的重要性,因为它为我们的现实设定了一种表达方式。现实是一种必朽的苦难,它由几组原子组成,也将分解回原子。心灵同样由原子构成,因为使心灵得以与物理性的身体发生交互之物,是一种物质性的存在。伊壁鸠鲁指出，除了物理性的物质之外，宇宙中唯一可能存在的另外一种东西就是虚空。而灵魂又不可能是从虚空中制造出来的，因为如果是这样的话，它就不能起作用，也不能被作用到，因为虚空就是无物。

逻辑学

伊壁鸠鲁的逻辑学，或者说关于知识的理论，是以《准则学》为基础的。尽管这部著作如今已经失佚，但还是有人称自己密切接触过他的知识观念，而我们通过这些人也足以一睹他的哲学。我们的感官知觉是自身知识的基础，也是对知识真实性的保证。因此，这种感官知觉，连同前概念和感觉，是知识的三种来源。

■ 知识的来源

	感官知觉	前概念	感觉 （快乐或痛苦）
例子	看到一只狗	对于狗的观点	被一只狗咬
对于物质的依赖性	从狗发送到眼睛的图像	依赖于看到很多狗	痛苦是对于原子的干扰

感官知觉的真实性和可靠性来自它们产生过程的基本属性。感知器官仅仅是报告外部世界里的事物，它的机械式的忠实度

一个前概念的形成过程

观察到很多狗

"狗"的前概念

最终可追溯到一种完全物质性的宇宙。

概念是从很多场合收集而成的观点。例如，长期与狗接触，就会形成一种关于狗的观点的概念，然后我们就可以使用这种概念去理解狗的其他情况。同感官知觉一样，前概念也依赖于知觉，而且正因如此，概念同样被认为具有可靠性。

感觉被划分为快乐和痛苦，这是人类在决定选择还是躲避过程中，会使用到的两个原则。快乐和痛苦作为判断真理的标准，可靠性来自感觉本身的不可欺骗性。你可能误以为自己是

伊壁鸠鲁称太阳的尺寸与我们肉眼所见的大小完全一致，而这一论断为他带来的只有同辈哲学家的嘲讽。

聪明的，或者错记成已经关掉了烤箱但事实上却没有，但是你在体验个人的痛苦和快乐时，是不可能出错的。

在伊壁鸠鲁的感官知觉中，视觉是相当有趣的一个案例。他认为，一束图像从客体发出，并被传送到我们的眼睛里。因为这些图像的排列和位置与客体相像，所以眼睛感知到的就是

昔勒尼学派与伊壁鸠鲁学派展开对抗，他们把肉体的快乐置于一切他物之上。阿里斯提波是此派的代表人物之一。

昔勒尼学派认为，只有身体的快乐才值得追求。

这个客体的再现。伊壁鸠鲁描述此类图像的术语就是爱多拉。由此，虽然伊壁鸠鲁承认视觉中可以存在欺骗，但是他不认为这种虚假是由知觉本身所造成的。相反，他坚持认为，错觉或幻象的出现，是因为我们在知觉上添加了自己的想法，从而扭曲了爱多拉的真实性。这种信念造成了一个固执的结果，就是伊壁鸠鲁坚称，太阳的大小与我们肉眼所见的一样大。这种论调为他招致了不少的嘲笑。

快乐

最后，我们再次返回伊壁鸠鲁学派哲学生活的中心——快乐。伊壁鸠鲁学派认为，快乐是"幸福生活的起点和终点"，如果说这种赞美还不充分，那么它是我们"首要和内在的善"。

后来出现了一支与伊壁鸠鲁学派对抗的昔勒尼学派,他们认为只有身体的快乐才值得追求。然而,真正的伊壁鸠鲁主义并不认为每一种快乐都应被选中,我们应该只选择那些(在恰当的时机)对良好生活有益的快乐,而且要同时权衡利与弊。因此,对于这种节制的培养不只是幸福的充分条件,还位于所有美德之首,因为通过掌握快乐和痛苦的范围,它还指明了通往幸福之路。

◎ 要点总结

- 伊壁鸠鲁的四重疗法，或 tetrapharmakon，对他的伦理学进行了总结——第一和第二种疗法，神和死亡，不在我们的控制之内，且对于我们是未知的；而第三和第四种疗法，快乐和痛苦，在我们的掌控之中，并且为我们可知。
- 在四重疗法中：第一，神远离发生在我们尘世的事，且毫无关联；第二，死亡不可知，因此对于我们而言，死亡什么都不是；第三，快乐有一种限度，即对于所有痛苦的移除；第四，痛苦有两种：持续时间短的急痛和允许身体的快乐大于痛苦的可能性存在的长痛。
- 伊壁鸠鲁提出，宇宙是由原子和虚空组成的，当原子向下坠入虚空时，其中某个原子发生不可预知地突然转向，这可以解释自由意志以及原子构成更大的次级实体的组成方式。
- 伊壁鸠鲁的三种知识来源是感官知觉、概念和感觉。
- 感觉器官只是单纯地报告外部世界的事物，例如视觉，图像或爱多拉从客体上射出，向观察者真实地再现被看的事物；当我们看到了很多实例并通过这些实例形成了一个观点时，一个概念就诞生了；感觉可以被拆分为痛苦和快乐，每一种都是无法作假的。
- 对于伊壁鸠鲁而言，幸福的生活就是对快乐的追求，但是这其中蕴含了一种智慧，就是当选择一个既定的快乐时，要考虑所有的利与弊。

第 17 课

《物性论》(《论事物的本性》)
卢克莱修

论事物的本性

卢克莱修（公元前 98 年—公元前 55 年）是一位古罗马诗人和哲学家，他的文学影响力和哲学影响力同样受人尊崇，同时他还是一位富有艺术气质的，拥护伊壁鸠鲁事业及其学说的布道者。我们对于这个人本身所知甚少。史料中关于他唯一可见的一则逸事是，卢克莱修被一种爱情魔药毒疯，写下了《物性论》，然后便自尽身亡。他的出生年份与尤利乌斯·恺撒和西塞罗相隔不远，据说正是后者在卢克莱修死后编纂并校订了他的著作。

卢克莱修现存的唯一著作就是《物性论》。提到这本书，人们通常会直接使用拉丁文的标题，如果翻译过来，可译为《论事物的本性》《事物如何存在》或《宇宙的本性》。在这一语境

卢克莱修是一位古罗马哲学家,是伊壁鸠鲁的追随者。

下，"事物"（things）这个词通常指：整体的现实。卢克莱修采用了六音步扬抑抑格的拉丁文进行创作，这与古希腊史诗有着相同的格律，而且更重要的是，哲学家恩培多克勒和巴门尼德也采用了同样的格律。正如这些哲学家的意图是借由诗歌为媒介讲授他们的哲学，卢克莱修的目的也是借此散播他想要传达的信息。从某个角度上说，他用自己的作品把伊壁鸠鲁转化为诗歌的形式，这与那些在盛着苦药的匙边沾上一圈蜂蜜的做法有异曲同工之妙。

诗的题献

这首诗歌的核心绝对是伊壁鸠鲁主义，但是这并不意味着卢克莱修没有加入他自己的艺术特色，或者说在适当的时候，没有用力量或微妙的方式加固底层的哲学。这首诗有一个庞大的野心，即说服人们相信伊壁鸠鲁的哲学。其中，这首诗以奉献为目标，希望说服盖阿斯·明米佑这位饱受尊敬的古罗马政客。卢克莱修是首位把系统性的哲学写成诗篇的人，他开创了一片新的文学天地，但又因其无法充分表达那些诞生于古希腊语的抽象概念，不厌其烦地反复表达对拉丁语的失望。同伊壁鸠鲁相比，这首诗还有另外一种额外的元素，即卢克莱修会有意地辩别神秘的前苏格拉底哲学家[1]——柏拉图、亚里士多德和斯多葛学派——的学说，却时常不直接提及对手的名字。

---

1 原文为 Presocratics，疑误。苏格拉底为柏拉图的老师，而柏拉图为亚里士多德的老师。——译者注

诗的结构

卢克莱修的哲学诗共计六卷。这六卷按照主题归为三对,卷一和卷二解释了原子论的学说,卷三和卷四论说了心灵和灵魂的平凡的物质性,卷五和卷六则主要关注世界的构成和消散,以及对于世界现象的解释。

■《物性论》的结构

卷一	原子和虚空	原子理论
卷二	原子的性质和运动	
卷三	心灵和灵魂的平凡性	心理学理论
卷四	知觉和思想	
卷五	世界的起源和形成	自然的解释
卷六	不同的现象,如疾病、死亡和瘟疫	

卷一

古怪的是,卢克莱修作为一名主张神力不重要的人,他所作诗歌的开篇却是一则献给女神维纳斯的长篇祝词。这篇祝词安置于此,实在太过怪异,所以要么是卢克莱修自己,要么就是后来的某位编者,从这首诗的后部分摘取出一段,直接插在了这段对女神的倾诉之后。在插入的这一段中,卢克莱修表明了这位神所享受的宁静和平和。卢克莱修还把伊壁鸠鲁与维纳斯并论,称赞伊壁鸠鲁为解放知识的使者。

伊壁鸠鲁作为一名声名狼藉的无神论哲学代表人物,却被

令人感到奇怪的是，卢克莱修在他的哲学著作的开篇，赞颂了女神维纳斯。

表彰为宗教和迷信的征服者,而宗教和迷信才是煽动暴怒和邪恶行为的真正怂恿者。以伊壁鸠鲁主义的眼光来看,宗教戴着以虔诚为名的伪装面具,其实不过是恐惧死亡的一个来源而已。

卢克莱修在卷一余下的部分详尽地阐述了原子论,并攻击了与其抗衡的其他多种物质理论。卢克莱修忠于伊壁鸠鲁,强调原子和虚空,重点刻画了原子的本性和行为,说明了所有其他一切存在都依赖于原子与虚空。他提出过关于宇宙无限性的一个著名天才论证,其中涉及一支矛和一种伊壁鸠鲁主义的想象。我们要想象自己手里拿着一支矛,朝着宇宙的边缘靠近,然后掷矛出手。接下来只有两种可能,一是这支矛继续向前,穿过宇宙的边缘,二是有某种东西当它穿过边缘时挡住了它。在第一种

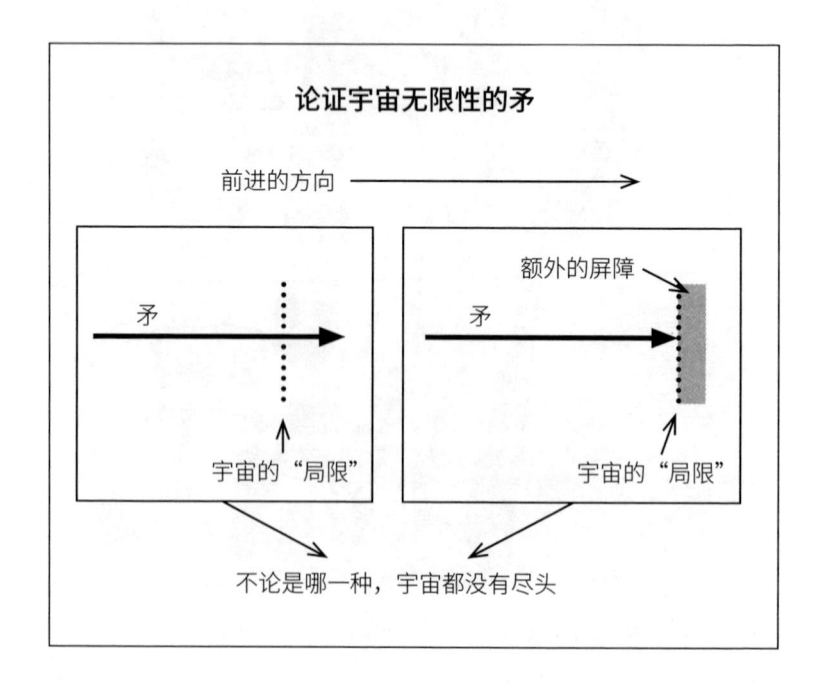

论证宇宙无限性的矛

前进的方向 →

矛 → ⋮
宇宙的"局限"

矛 → ▮ ← 额外的屏障
宇宙的"局限"

不论是哪一种,宇宙都没有尽头

情境中，矛穿过了宇宙的边界，这便是一个再明显不过的证明，证实了宇宙实际上是没有边界的，因为那个"穿过存在的边界"之后的区域仍然存在；第二种情况，在拒绝承认宇宙无限性的人看来可能似乎更有希望，可事实上，矛在穿过宇宙界限后被阻碍恰恰表明，有东西在界限之后，即界限的墙或障碍物所占的空间。因此，卢克莱修总结出，不管矛有没有击中某个东西，宇宙都不可能是有尽头的。

卷二

卢克莱修以拥有伊壁鸠鲁的知识所带来的喜悦为开篇，随后便进入了对原子运动的描述，接下来讲的是原子的形状、大小和重量。除了这些特质之外，别无突出的特征。因为原子没有被任何虚空中的东西阻挡，因此它们本身处于永恒的运动当中，以超乎想象的速度下降。尽管原子轻重各异，但重的原子却不比轻的原子降落速度快，因为，卢克莱修说，虚空给所有原子施加的阻力为零。

伊壁鸠鲁的转向学说为自由意志的可能性留下了空间，这也在此卷中得到了更精确的陈述。如果没有转向，原子就会像雨从天降一样笔直降落。然而转向是细微而随机的，它只是一种几乎不可察觉的偏移。卢克莱修提出假设，转向必须在这种极端微小的层面上发生，因为这样才能解释事物看起来总是完全笔直下落的事实，同时又能成为自由意志存在的条件。因为，在一个完全由原子可预测的笔直下落决定的物质世界里，自由意志是不可能存在的。

卷三

在我们的身体里，有两种元素，一是灵魂，即拉丁文中的"anima"，一是心灵，即拉丁文中的"animus"。但我们必须承认，此二者都是物质的。心灵是指挥中心，灵魂则更是一种生命力量。灵魂散布在身体各处，而心灵坐落于胸中。

构成心灵与灵魂的原子是极小的、光滑的、圆润的。这使得心灵可以快速而敏捷地移动，而灵魂则可以弥漫周身。

卢克莱修充满野心地向灵魂与心灵的不朽性发起了论证攻击。他在一次论证中，对于一个不朽的灵魂离开身体而飞向天堂进行了嘲讽。他说，如果灵魂在去世时飞向天空，那么就意味着空气是有生命的，因为它拥有一个灵魂。卢克莱修还反对转世的信仰，他不相信人与动物可以轮回互换。他的论点是，这与不同的动物具有一成不变的特质这一事实不符，比如狐狸

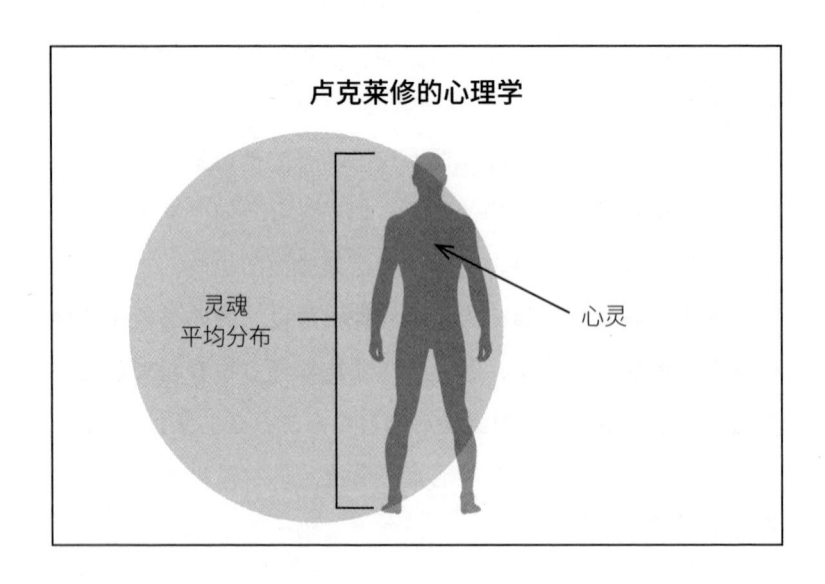

卢克莱修的心理学

灵魂平均分布

心灵

都是聪明的，鹿都是胆小的。

卢克莱修最后提出了一些反对惧怕死亡的论点。在"对称论证"中他指出，既然我们不曾且不会为自己变为存在之前的存在哀怨担忧，那么我们为什么应该为死后的状态担心呢？我们在出生前不存在，在死后也不存在，所以到底是谁在承受死亡的伤痛？卢克莱修还把生命比作一场晚会，晚会结束后，客人将平静地退归夜晚。而当我们履行完一生后，也会开心地奔赴死亡。

■ 抵抗死亡恐惧的对称论证

出生前	我们的生活	死亡
在我们存在前的时间	我们存在的时间	死后的时间
不关我们的事	我们的关怀所在	不关我们的事

卷四

卷四宣传了伊壁鸠鲁关于感官知觉的见解，呼应了伊壁鸠鲁有关知觉的诸多解释，特别是视觉作为一种图像接收器的本质。而其他的感觉也都以物质的形式进行了说明。其中，一个重要的见解是，卢克莱修拒绝承认我们身体的任何一部分是"为看而造"或"为想而造"。其原因是原子论本身的解释力已足够说明这些现象，另一方面还因为，这种说法会把神对于创世的干预牵涉进来，而这种干预会打扰到他们作为神的平静。

卷五

卷五讲述的是，我们这个世界的本性注定了它终将被毁灭，但是就目前而言，地球正处于世界发展的中段。卢克莱修还阐述了各种各样的宇宙现象，比如不同星体的运转轨道、月相、日食以及昼长等。

卢克莱修在描述我们这个星球初始阶段创造动植物的过程时，勾勒出一幅令人震撼的自然主义动物学图景。这些动植物构成不良，不适合生存，因此都因生物学上的不幸遭遇而没能幸存下来。又过了一段时间，原始的人类才出现。卢克莱修投入人类文化的发展历史当中，自语言始，于艺术终，展开了详尽的描述。

作为现代进化理论的一个呼应，最早的人类在地球早期构成不良的动植物死绝后才开始出现。

卷六

如果说《物性论》的开篇令后世评论者挠头，那么卷六的终点可谓毫不逊色。卷六以死亡、疾病和瘟疫做结，主要接续前几卷的内容，提供了一些令人困惑现象的自然解释，比如海洋不变的水位或云的来源。最后又用几百行文字引入了疾病话题。卢克莱修在此说到，有毒的粒子弥散在空气中，导致呼吸空气的人生病。他又列举了不同的气候，指出了它们各自不同的天气变化之大。最后，卢克莱修描述了侵袭雅典的可怕瘟疫，栩栩如生地渲染了关于黑粪、脓血以及绝望中切断生殖器以减轻痛苦的细节。

要点总结

- 《物性论》或《论事物的本性》是卢克莱修唯一存世的著作的标题,这本书既是文学的经典,也是哲学的典范,共分为六卷。
- 忠于伊壁鸠鲁的哲学,卷一说明了原子和虚空以及宇宙是无限的这一观念。
- 卷二详尽地铺展出原子的行为,包括关于转向和自由意志的说明。
- 卷三处理的是心灵与灵魂。二者都是可朽的、物质的,只是灵魂散于全身,而心灵则位于胸内。卷三还反对了灵魂不朽性的论证,包括对称论证和舞会论证。
- 卷四讲述了感官知觉的物质本性,特别是视觉作为一种图像接收器的本性,并且再一次否定了神的设计。
- 卷五论及了世界的历史,其中也包括人类社会的历史,并坚称世界终将毁灭,此外,这里还出现了生物自然选择理论的前身。
- 卷六以死亡、疾病和困扰了雅典的一场瘟疫结篇。

第 **18** 课

灵魂与意志
塞涅卡

塞涅卡（公元前4年—65年）是斯多葛派的一位哲学家、诗人和政治家，在公元一世纪使用拉丁文写作。他出身富贵，追求并期待与他身份相符的政治生活。塞涅卡一生中不乏有趣的事迹，其中之一就是，他因为与尤利乌斯·恺撒的妻子通奸而被定罪并判处死刑。历史上对于这一判决的态度，大体是持怀疑的。

事实上，罗马皇帝克劳狄一世把刑罚减至仅仅流放而已，这也被视为一种对于判决可疑性的认可。正是因为他从流放中被

塞涅卡既是一名政客，又是一位哲学家，后来成了恶名远扬的皇帝尼禄的导师。

塞涅卡完成了几部著作，对于在他之前的哲学家投入了很多关注，包括柏拉图、亚里士多德、伊壁鸠鲁和很多为他带来启发的斯多葛派哲学家。

召回，所以才成了恶名远扬的君主尼禄的私人导师。后来，尼禄要求这位哲学家砍断自己的手腕，这相当于逼他自杀，同时他也成为古代令人印象最深刻的勇者形象之一。

塞涅卡以多种文类进行写作，包括悲剧和书信。即便是在哲学领域内，他关于道德问题展开的写作也是纷繁多样，而这些问题主要关注的则是自然世界和对他所爱之人的同情慰藉。

折中的斯多葛学派

虽然后世的作家经常批判塞涅卡在斯多葛学派中所持的折中或妥协，但是他坚持认为自己是正统，而且全心推广他的学校。不仅如此，他也对斯多葛学派中的物理学和逻辑学感兴趣，哲学关注点还主要集中在良好生活和道德生活之上。究竟在什么程度上，他才算是一名真正的斯多葛派学者，这很难界定，但是他显然不是一位系统的或存有狭隘门户之见的哲学家。因此，他涉猎了多种哲学，包括柏拉图、亚里士多德、伊壁鸠鲁主义，当然还有斯多葛派的同人。正因如此，对他的哲学进行一次完整而综合性的解读或描述近乎不可能。而且他有意识地采用拉丁文进行写作，在罗马皇帝马可·奥勒留看来，是一件怪事。奥勒留也是一名斯多葛派学者，但他却用古希腊语，即古希腊 stoa（画廊）的传统语言进行写作。

《道德书简》

塞涅卡的文集《道德书简》通常被认为是他最具影响力和最完整的作品。他在其中收录了一系列写给罗马骑士团友人卢

在塞涅卡看来，围在刑场的人群有一种腐蚀人心的影响力。

齐利乌斯的信件。可以想见，作为一部斯多葛学派的著作，这些书信的焦点是美德中心。这些信件利用各种素材，鼓励道德上的斯多葛生活方式，即朝着理想"前进"，这个动词的拉丁文是"proficiens"。塞涅卡以一种略微自相矛盾的方式，把强调的重点放在了意志之上。他鼓励人们接受自然的佑护，号召我们在追求灵魂的美德时，让渡于意志的重要性。很明显，他在写这些信的时候，心里惦记着哲学上的前辈，因为他给卢齐利乌斯许下了名望的承诺，就像伊壁鸠鲁给伊多梅纽斯和西塞罗给阿提卡斯承诺的一样。

塞涅卡在这些书信中讨论的话题，有时很简短，有时长达数页，包括但不限于如何度过一个人的时间、对于死亡恐惧的避免以及刑场观众的恶意和腐蚀影响力。在他的作品集中，常常会出现主题或特定话题的交叠，比如《论闲暇》和《论心灵的宁静》。

《论恩典》

《论恩典》是一部七卷本的著作，塞涅卡把焦点放在了恩典或恩惠的合理分配和接受上。这部具有高度实践性的作品讨论了赠予行为得到的价值：一个人接受一份礼物时，必须把它认可为一种恩惠的形式。忘恩负义是人类最坏的恶行，而它最恶劣的形式就是遗忘。塞涅卡在强调知恩图报的必要性时，还给出了有关如何给予恩惠的建议，包括采用何种态度和何种时间，

孩子给他们父母的恩惠能比他们从父母那里接收到的更多吗？

以及究竟应该秘密赠予还是公开馈赠。

他还处理了某些古罗马关于恩惠方面的特殊问题。他论述了一名奴隶是否能给他的主人带来恩惠（能）以及孩子能否给他们的父母带来比父母带给他们更多的恩惠（能）。塞涅卡辨别了恩惠的行为与恩惠的实质之间的差异，在拉丁文中，前者是"beneficium"，而后者是"materia beneficii"。

■ 恩惠或恩典的部分

行为	实质

实际上，在塞涅卡看来，恩惠的行为承载了礼物的道德力量。在这个框架下，只有心灵和态度才真正具有道德价值。相应的，一份礼物，至少在它的具体表达中，只是一个符号，代表的是背后恩惠的真实性。

《论愤怒》

《论愤怒》是探入实践性哲学的另一次冒险，目标是回答诺瓦图斯关于如何最小化愤怒所产生的力量的问题。塞涅卡把愤怒描绘成一种残酷的、最凶恶的、最缺乏人性的情绪。有观点认为，愤怒可以被善加利用，而塞涅卡以一种彻底否定的态度回应了这一观点，并把这种情绪贬低为一种完全违反自然之物。他说，愤怒本身是对被观察到的错误的反应。这里首先出现的

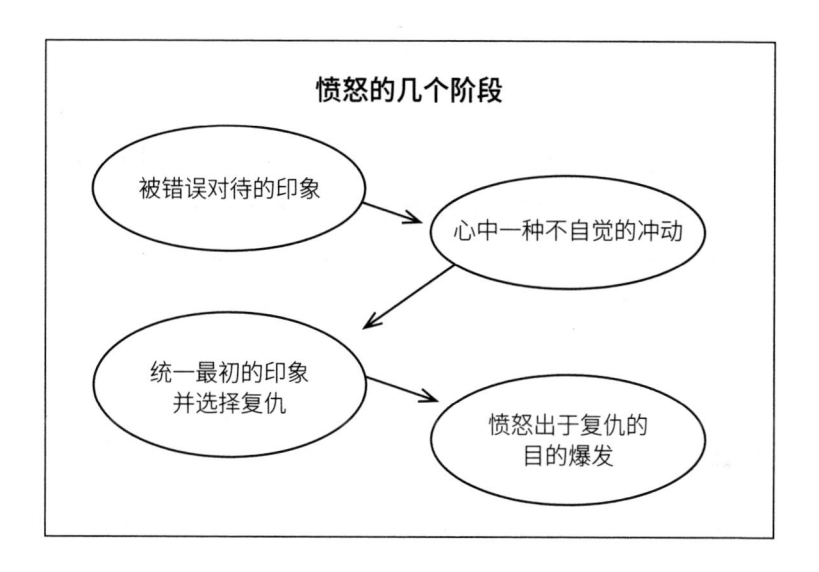

```
愤怒的几个阶段

  被错误对待的印象  →  心中一种不自觉的冲动
                          ↓
  统一最初的印象
  并选择复仇       →  愤怒出于复仇的
                      目的爆发
```

是一种不自觉的冲动，即拉丁文中的"adfectus"，也就是这种印象的一个结果。接下来，思想有赞同或者否定这一冲动的自由。如果赞同，那么结果就是怀着复仇目的的一次鲁莽出击，即拉丁文中的"poena"。

孩子们必须在愤怒的过程中接受教育，以使得他们在成年后可以抵挡住愤怒的诱惑；成年人必须形成一种原则，绝不屈从于由愤怒的第一冲动发出的塞壬的召唤。最后，即便这些预防措施都失败了，人们还是需要维护正确的理性，并为此展开斗争，即便斗争对象是自己，也要遏止愤怒的肇始。

《论天意》

《论天意》的标题在塞涅卡的时代尚且未经证实，故可暂且不论，这部作品的焦点并不是抽象意义上神的天意，而是天意在善人生活中的作用。更具体地说，它关注的是一个长久以来困扰笃信神明者的神学难题，也就是，当一位善良的神为世界精心绸缪时，坏事怎么可能发生在好人身上呢？塞涅卡的回答确认了神的善意和仁慈，称那些正在经历折磨的人的灵魂，被打磨得更坚实了。不仅如此，这些苦难不仅对他们有益，还对社会整体有益。最后，品德高尚的人不可能陷入悲惨的境地，因为美德本身就是幸福的充分条件了。

《论幸福生活》

对于生活而言，如何幸福地生活，拥有至高无上的重要性。《论幸福生活》可以粗略地分为两部分，第一部分描述了幸福或

与当时绝大多数哲学家不同，塞涅卡承认，即便是智慧最高的人也渴望财富。

天佑的生活是由什么组成的，第二部分解释了这种生活如何实现。塞涅卡谨守斯多葛学派的绳墨，强调顺应自然的生活是通往幸福生活之路。理性在自然中无处不见，而我们自己的生活也正该接受理性的引导。塞涅卡在论及有关财富的话题时，迈出了令人震惊的一步，他似乎承认了金钱可以为智者带来美好的日子。尽管如此，无论何时，人们都必须承认，生活依赖于对美德的追求，其他任何可选项都必须为美德让路。

《论智者的恒常》

塞涅卡在《论智者的恒常》中，直面了斯多葛学派的一个悖论，即作为理想圣人的智者，不能遭受伤害或苦难。实际上这一悖论反对了斯多葛学派所拥护的生活方式。如果美德对于生活是不充分的，那么斯多葛学派在哲学上就是空洞无谓的。比如，当一块烙铁上炙热的金属，铲入他毫无防备的胸骨中时，圣人怎么可能会无动于衷呢？塞涅卡区分了两种不同类型的伤害："轻微伤"，在拉丁语中是"contumelia"；"重伤"，在拉丁语中是"iniuria"。他指出，重伤要诉诸法律的赔偿，而轻微伤则不用。这种区分包含了量上的程度差异。智者确实会受到重伤体验的影响，然后克服它，但关于轻微的伤，他几乎感觉不到。

《论仁慈》

《论仁慈》中令人困扰的反讽性来自它对凶残的皇帝尼禄的献词。这部著作的政治背景让它吸引了那些对罗马帝国权力有兴趣的人。塞涅卡在设计这本书时，除了陈述仁慈或拉丁语中

塞涅卡的《论仁慈》献给了古罗马最残忍和最暴虐的统治者之——皇帝尼禄，这是一个颇具反讽意味的反转情节。

的"clementia"是一种罗马的美德之外，还向那些已经大权在握的人发起了对话。仁慈不仅仅是一种美德，塞涅卡还把它刻画成一种指导统治者的原则。对于统治者而言，其他所有美德都是次要的。就此而言，这本书中的文字有时会被批判性地视为对暴君统治的一份辩词。

在这部作品的后面部分，有一段前言不搭后语的蹩脚论述，从君主谈到了智者，这更是让对这一文本的分析增加了不少复杂性。

慰藉

塞涅卡写到了三种慰藉，用于安慰和鼓励置身于特定处境下的个人。在《献给玛西娅的慰藉》（*Consolation to Marcia*）中，塞涅卡批评了过度沉湎于几年前痛失爱子的悲伤中的玛西娅，并对比了自私的哀悼和无私的哀悼。除此之外，他还表扬了那些自私的哀悼的典型，同时赞扬了那些正确悼念的人。他的

《献给波利比乌斯的慰藉》(Consolation to Polybius)也采用了几乎同样的方式，写了一个兄弟过世的被解放的奴隶。在《献给赫尔维娅的慰藉》(Consolation to Helvia)中，塞涅卡的对话对象是他的母亲，母亲正为他的流放而感到悲伤。首先，塞涅卡的依据预期中斯多葛学派信条的主调，笃信唯有美德为紧要之物这一观点的塞涅卡向自己的母亲保证，她不需要为自己感到悲伤。然后，又向母亲指出，他的情况也没有什么值得悲伤之处。

◎ 要点总结

- 塞涅卡是一位使用拉丁语书写的古罗马斯多葛学派哲学家，对于其他哲学学派表达了自己的认同和不认同之处，他的思想广度和深度决定了他的思想不可能是系统化的。
- 《道德书简》被认为是塞涅卡最有影响力的著作，它是一部信件的合集，鼓励一种道德上遵循斯多葛学派的生活方式，聚焦在美德的中心性上，并强调了意志在追求这些美德时扮演的角色。
- 《论恩典》是塞涅卡的七卷本著作，覆盖了恩典或恩惠的分配和接受问题，区分了恩惠的行为和实质，前者承载了礼物的道德力量。
- 塞涅卡的对话录包括：《论愤怒》，为拒绝他所谓的愤怒冲动提供了一个指南；《论天意》，处理了恶的问题；《论幸福生活》，赞美了通过在追求美德的过程中遵从正确的理性而顺应自然的生活；《论智者的恒常》，试图维护圣人不可受到伤害的斯多葛学派观点；《论仁慈》，论说仁慈是一种根本性的罗马美德，而对于它理应所属的统治者而言，更是至高的美德。
- 塞涅卡的三种慰藉使用了关于哀悼和勇气的前人范例来劝勉他的听者，同时也劝诫过度放纵。在表达这些建议时，他始终都在强调美德的中心性。

第 19 课

可控与不可控之物

爱比克泰德

爱比克泰德（约55年—135年）曾是尼禄罗马宫廷中一位显要人物的奴隶，他的哲学著作是用当时普遍使用的希腊共通语写就的，这种希腊语的形式在《新约》中也有记载。爱比克泰德的著作包括《语录》和《手册》，其中《手册》的标题在希腊语中表示"小手册"的意思，是对于前者中所述教义的提炼。据说《语录》并非由爱比克泰德所著，而是他的学生阿利安所编写的，最终呈现为爱比克泰德思想的一份忠实记录。爱比克泰德首要也是最

爱比克泰德既是一名奴隶，也是一位斯多葛学派哲学家。

重要的身份就是斯多葛派学者,他的作品聚焦于在这一系统内部展开伦理生活所涉及的需求和要务。

我们可控与不可控之物

《手册》在开篇写道:我们必须明白,生活中参与的一切事物和经历的一切事物,要么就是在我们力量所及之内,要么就不在。我们只能不让那些超出我们掌控范围的事物困扰自己,比如声望或疾病,但是反过来说,必须把我们的智慧和注意力导向那些在我们控制范围内的事物,比如选择、欲望和看法。当我们意识到很多事情都不由我们左右时,我们就可以说,它

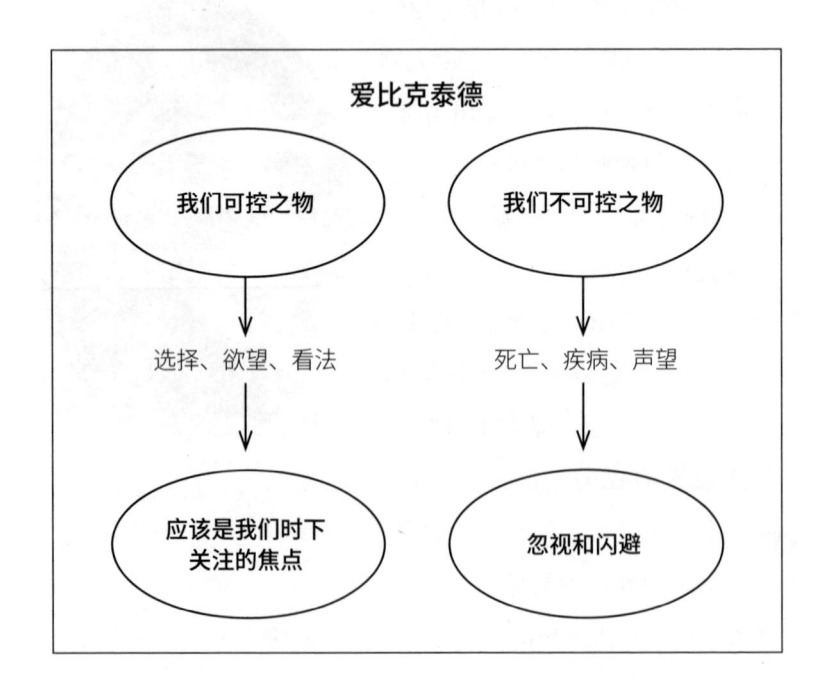

爱比克泰德

我们可控之物 → 选择、欲望、看法 → 应该是我们时下关注的焦点

我们不可控之物 → 死亡、疾病、声望 → 忽视和闪避

们不属于我们,它们不在我们的持有范围内。我们没有权利指望它们永远都是我们的,比如我们的财产被偷窃或者一个所爱之人死去时。在我们的道德想象中,如果我们被偷走了某种东西或者失去了某种有价值的东西时,我们要在内心这样想:"通过付出这样的代价,我获得了平静。"在转移我们的欲望时,我们应该力求避免与自然相悖的事物,但是我们不应该,实际上也不能够,期望回避那些不受我们控制之物,比如死亡或贫穷。我们应该避免对不可控制之物浪费心思,比如他人的羡慕,而且还应该主动设法轻视它们。

当我们考虑生活中的事物时,应该注意到它们的本性。例如,如果我们知道人类是必朽的,那么当我们有朋友去世时,就不会沮丧,因为我们知道他是人类。同样,在行动方面,我们应该事先考虑事态发展的可能情况。如果我们去市场,我们应该理解,可能会有粗鲁的顾客撞到我们的手推车上,或者糕点房卖光了我们最爱的面包。当听说他人的不幸遭遇时,我们

什么事?	关于弱点的知识	因此我们不应该被困扰于
朋友	必朽	朋友去世
衣着	容易招惹飞蛾	毛衣漏洞
汽车	轮胎会漏气	我们不得不买一个新轮胎

通常会用类似"好吧,这就是会发生"的话术来应对这些新闻。而且,当我们经历自己的不幸时,也应该以这种方式来应对。

我们的看法和他人的看法

爱比克泰德秉持的首要原则是,事件本身不会困扰我们,给我们带来焦虑、恐惧、痛苦或憎恶的,其实是我们的思想或对于那些事件的看法。我们的看法决定了我们对于一起事件的观察,但是他人的看法也会影响我们对于事件的看法。有一个例子可以生动地说明,我们赋予他人看法的武断重要性。

渡鸦的聒叫是厄运的象征,我们可以欣然地把它理解为一起与心爱之人逝世同等罪恶的事件。我们对于渡鸦和死亡的感知都是某种"坏"的东西,这种感知是可控的,它们自身不一

渡鸦的聒叫通常被视为厄运的象征。

事件	社会赋予的意义	实际的意义
渡鸦聒叫	不祥	都不在我们的可控范围内
朋友去世	不祥	为了取得控制，我们需要不被困扰

定包含任何含义。那么，正确的态度就不是企望事情按照我们的心意发展，而是期望事情如它们真实发展的样子走到最后。

我们不仅可以通过盘点和思索我们日常的行为轨迹，来为前方的不幸做好准备，还可以与其迎面而遇并将其扭转为有益之用。如果我们忍不住诱惑，要和一个有魅力的陌生人建立性的关系，那么这就可能成为构建节制的一个时机。每当涉及人与人之间的关系时，要记住，那些不在我们的掌握或控制之内的东西格外困难。因为我们常常企望控制那些我们不可控的人的行为和态

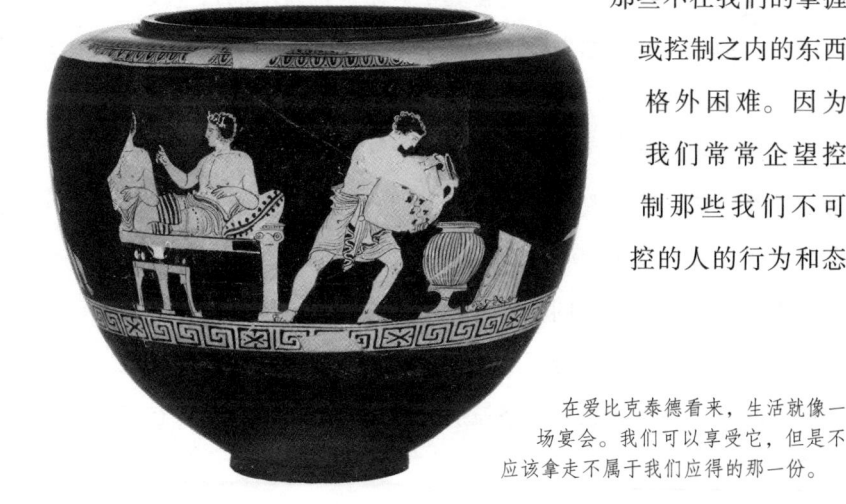

在爱比克泰德看来，生活就像一场宴会。我们可以享受它，但是不应该拿走不属于我们应得的那一份。

度。以侮辱或冒犯为例，被侮辱激怒的是我们对于侮辱的看法，而不是侮辱本身，所以我们没有任何理由让侮辱激怒我们。这个观念应用在我们对死亡的理解上格外有效。我们不应该惧怕死亡或为死亡感到焦虑，而应该时刻将其置于我们的眼前。通过这种方式，我们就会在日常生活中保持冷静，从而开展理智的行动。

生活的隐喻

爱比克泰德喜欢用隐喻来解释如何度过生命。在某一方面，我们的生活就是一场宴会。我们要欢欣地展开生活，但是不拿走不属于我们应得的那一份，也不该企望分到更多的份额。就像在一场宴会上，我们会取食适当且在一定范围内的食物，日常生活中也应如此。另一种隐喻是生活的舞台。这是说，我们把生活设想为一出戏剧，我们在其中对于自己扮演的角色没有置喙的余地。但是，如果我们扮演了一个大角色，也就是一段漫长的生命，那么我们就出演那出戏分。但如果是一段短暂的人生，那么我们就应该同样欣然拥抱那个生命角色。不论我们饰演的是一名乞丐还是一个贵族，都应该接受那个角色，接受那些发生在我们身上、不由我们左右的事。同样，我们也应该接受发生在他人身上、同样不由我们左右的事。换句话说，我们不应该嫉妒落在他人身上的好处。当我们作为道德的演员踏上世界之时，大可想想如苏格拉底和芝诺一样的杰出圣人在各自的境遇下会怎么做。

自我评价和名声

引导我们自己生活的东西不是他人的看法，而是看起来对我们最好的东西。接受这一观点，我们便已做好了开启哲学生活的准备，并将为此受到嘲讽。然而反讽的是，一旦我们在自己的伦理生活中有所进步的时候，那些人就会钦慕我们。在爱比克泰德看来，寻求他人的认同，有一大部分是与寻求外在事物紧密关联在一起的。他认为，追求这些外在事物，自然会通向一种不幸福的生活。这一观点有一个后果，就是财富不会使人向善，只会令人富有。爱比克泰德回应了反对这个话题的一个观点，其大意是，如果一个人野心勃勃地追求财富，那么这个人就能够在获得这笔财富之后，帮助他的朋友和国家。除此之外，爱比克泰德还回应道，如果一个人能够以一种光荣的方式取得这笔财富，那他就应该这么做。但是，如果这其中涉及任何的自我腐化，那么对于他的朋友和国家而言，做一个虚伪、腐败和富有的人，就远不如做一个诚实、善良和贫穷的人更好。

众神

爱比克泰德相信众神的存在，并认为我们应该对他们抱有正确的看法。最主要的一点是相信他们的存在并服从于他们的意志。这种服从的典型，就是与分配给我们每个人生活的那些事物安然相处。爱比克泰德推崇占卜之术，理由是它向我们展示了神对我们的愿望，由此我们便可更好地让自己的愿望与他

爱比克泰德支持占卜术，认为它是我们与众神同心同愿的一种方式。

们的愿望统一。我们生活所依的准则和法律，应该被认作众神的指令，而违法就是渎神的行为。

日常生活

在爱比克泰德看来，精简和适度应该是我们生活的标志。心中不忘目标，与他人在一起时应该与自我独处时表现一致。由此，一般情况下我们都是沉默的，只有必要的时候才说话。而且，我们也应该克制过度的大笑和发誓。对于身体在某一方面需要的一切东西，比如食物或衣服，我们都应该以最小量凑合将就。这不但可以提供适度性上的时间，还正当地使身体服从于心灵，而心灵正是爱比克泰德认为我们真正应该关注的焦点。

对于每一次的行为，最好的推进方式就是对第一步和最后一步进行全面而完整的梳理。如果我们希望得到某种好东西，比如获得奥林匹克运动员的成就，那么我们就必须考虑到为获得成功所做的所有努力与功课，包括正确的食谱、训练方式和自律。只有在心里对一个选择具有完整的认识，我们才能做出理性的决策。按照这一思路，通过金钱或荣誉等外部事物来追

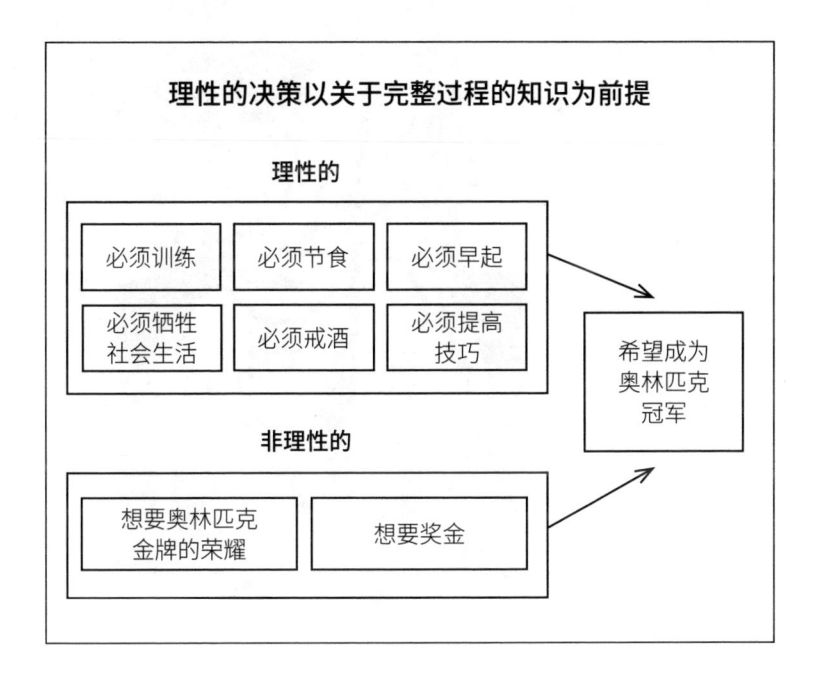

理性的决策以关于完整过程的知识为前提

理性的
- 必须训练
- 必须节食
- 必须早起
- 必须牺牲社会生活
- 必须戒酒
- 必须提高技巧

→ 希望成为奥林匹克冠军

非理性的
- 想要奥林匹克金牌的荣耀
- 想要奖金

求奥林匹克成功的做法，终将走向失败。

《手册》的结尾

爱比克泰德在《手册》的结尾处引用了两位哲学家的言论。第一位是斯多葛学派的克雷安德，他乞求宙斯引领他走上已选定的道路，并通过服从于这种必然性，变得快乐且睿智；第二位哲学家是苏格拉底，他提醒我们：即使杀害表面上看似巨大的恶，但因为它不由我们左右且不影响我们的灵魂，所以并不会伤害到我们。

在《手册》中，克雷安德请求宙斯引领他走那条选定的路，因此获得了快乐和睿智。

◎ **要点总结**

- 爱比克泰德的《手册》把事物区分为受我们控制和不受我们控制的两种。前者主要干预我们的伦理生活，与我们的欲望、希望和看法相关。后者为诸如名声、疾病和死亡一类事物。
- 事物本身不会引发我们的忧愁，但是我们心里对这些事物的理解反倒会引发我们的忧愁。因此，当我们只考虑事物的本质时，如果它们身上发生了什么，如死亡，我们就不会感到不安。
- 艰苦的处境应该被作为提升我们美德的机遇加以拥抱，如节制或耐心等。如果我们心里总是想着死亡，就会倾向于表现得更好。
- 我们应该笃信我们认为好的东西，而不被那些在他人眼中的坏名声所影响。在这一意义上，如果追求财富是以一种光荣的方式完成，那这是可以被允许的。
- 爱比克泰德相信众神应该受到尊敬，即服从他们用于决定我们生活的神性，而法律在某种意义上正是神的指令，如此一来，遵守法律就成了虔诚的一部分。
- 在爱比克泰德看来，日常生活的特征应该是谦逊和适度，包括不论在他人面前还是自己独处时，都要追求一种温顺、常规的人格，并且做出理性的选择。

第 20 课

《沉思录》
马可·奥勒留

马可·奥勒留（121年—180年）是一位斯多葛派哲学家，也是古罗马的一位皇帝。他在六岁时便被收入罗马贵族之列，穿上了短袍，戴上了象征这一身份的金戒指。他接受的教育相当自由广泛，其中包括古希腊语的学习，因此古希腊语就成了我们今天所见的他作品的语言。在马可·奥勒留七岁时，

马可·奥勒留既是一位哲学家，又是一位古罗马皇帝。

他就成了一名玛尔斯[1]祭司,他带着严肃感,承担了很多古制的仪式职责。这些职责之一是向玛尔斯扔皇冠。有一次,他的皇冠直接落在了玛尔斯神像的头顶。后来,这次巧合被解读为由他继承罗马统治权的一次预言。

马可·奥勒留的哲学训练是从十一岁开始的,他秉承了哲学家的朴素作风,包括其节俭的习惯和节制的饮食。他在大概四十岁左右的时候当上了皇帝,并完成了著作《沉思录》。这本书的绝大部分都是在帝国抵抗军事威胁的战场上写就的。

马可·奥勒留自童年时代就是一名玛尔斯牧师,他也由此产生了对哲学最早的兴趣。

《沉思录》

"沉思录"是我们对马可·奥勒留这本哲学著作的一个习惯性提法,但是据悉这个书名是他死后才起的。可即使这样,《沉思录》甚至都不是对希腊语标题的准确翻译。希腊语的标题比较类似"写给我自己的文字",表示其记述的是马可·奥勒留用作自律和道德观念备忘录的那些思想。这部著作分为十二卷,

---

[1] Mars 是古罗马崇拜的战神。——译者注

大约有一百多页。除了这种传统惯例式的文字分段外，很难说这本著作有任何结构可言。这本书并没有沿着一条线索展开一段连贯发展的思想，反而表达了各种各样的主题。不仅如此，这本书的一大部分都是由格言警句和巧合逸事构成，而所有这些都有助于阐明，这批文本的本质就是记录伦理进步的一个辅助工具。鉴于这部书具有压倒式的格言化属性，接下来与其对整本书做综合的（或者甚至是部分的）总结，倒不如对《沉思录》的每一卷进行一段清晰而择要的概述。

第一卷

在这一卷中，马可·奥勒留以一种公式化的献词格式，感谢了每一位曾以某种方式助力过他这一生的人。首先，他向施予者致谢，然后陈述他的受赠之物。例如，他说："我从我的父亲那里学到了温顺与坚定……"他用与此类似的方式感谢了所有那些曾经有助于他的成长和命运之人，这些人主要是他的亲人和老师，最后又以一长串对众神的感谢收尾。

第二卷和第三卷

第二卷在开篇首先承认，我们在当下会遇见不友好的人。这些人之所以这样，是因为他们不知道什么是好。我们必须谨记，这类人永远都不可能伤害到我们。当持有这一神性的视角，并认清我们在其中扮演的角色时，我们就不会把死亡视为罪恶了。马可·奥勒留坚信，这种知识本身就是知识的最高级形式，包括了如何平静地接纳一个人在宇宙中所处位置的知识。

第三卷劝诫我们,要把死亡的命运摆在自己面前,这不仅因为它具有现实性,还因为鲜有人能在死亡到来之前获得智慧。因为只有在正确理性的指引下,才能开始所有的行动。当然,这些行动需具有正义、真理、节制与坚毅性。做到这一点的一个办法就是,把我们生活中的事物列出一张精确的清单。我们应该考虑每种事物是什么以及它如何影响我们美德的发展。而且我们永远都要意识到,它是众神为此目的所赐之物。

我们不应该把死亡看作一种恶,我们必须平静地顺从我们在宇宙中扮演的角色。

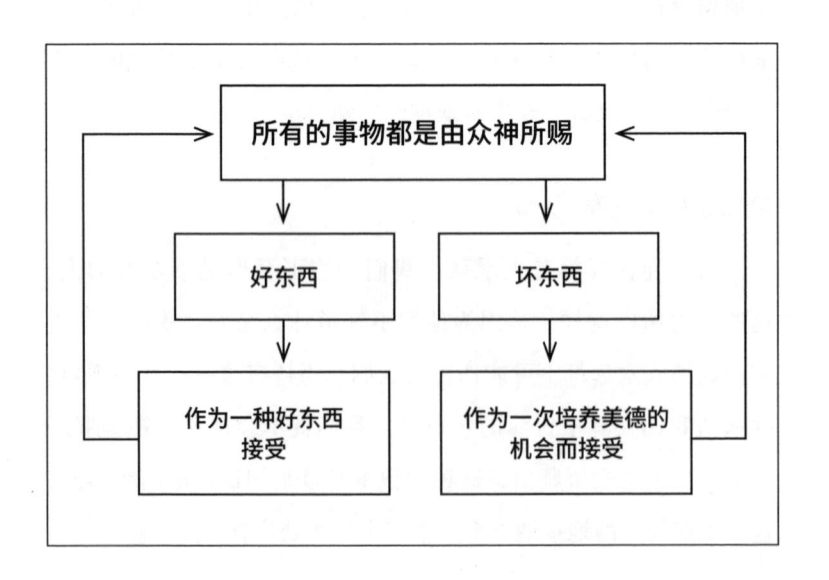

```
         ┌─────────────────────────────────┐
    ┌───▶│   所有的事物都是由众神所赐    │◀───┐
    │    └─────────────────────────────────┘    │
    │              │              │              │
    │              ▼              ▼              │
    │         ┌────────┐     ┌────────┐         │
    │         │ 好东西 │     │ 坏东西 │         │
    │         └────────┘     └────────┘         │
    │              │              │              │
    │              ▼              ▼              │
    │    ┌──────────────┐  ┌──────────────┐    │
    └────│ 作为一种好东西│  │作为一次培养美德│────┘
         │    接受      │  │  的机会而接受  │
         └──────────────┘  └──────────────┘
```

第四卷

第四卷关注的是死亡的现实性,这一卷强调了我们当下生活方式的短暂和无常,我们的生活应顺从理性和自然。

第五卷

第五卷在开篇要求我们,当我们一早醒来,害怕面对手头的日常工作时,要考虑到自己当下的情感,并对抗这种情感,要想到自己被带到这个宇宙的目的,就是为了完成眼前的这份工作。这一卷的中间部分,马可·奥勒留引述了斯多葛派关于主动和被动原则的信念,以及宇宙永恒的消解与创造。在接近这一卷结束的地方,他问我们是否会被有口臭或腋臭的人冒犯或烦到。马可·奥勒留提醒我们,这种身体部位总归是要有某些这样或那样的味道。

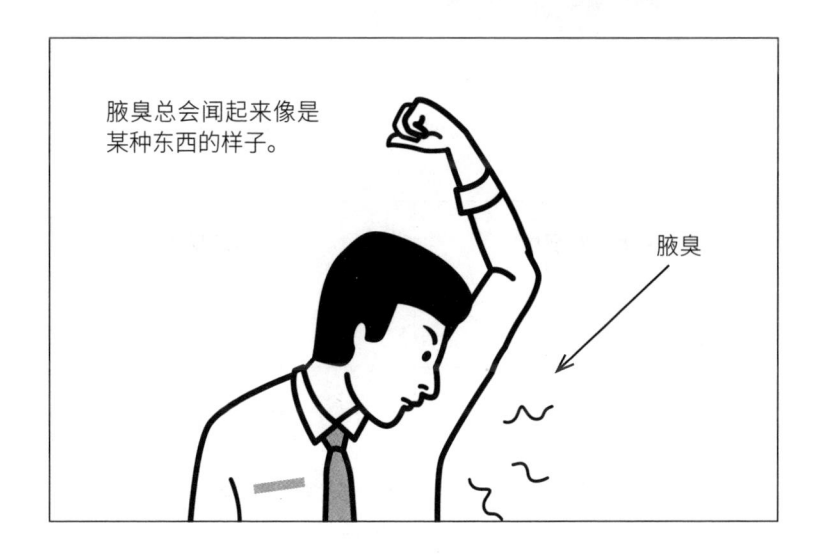

腋臭总会闻起来像是某种东西的样子。

腋臭

第六卷

在第六卷，我们受召铭记自己在宇宙的天意中所处的位置。记住外部事物从何而来，是我们应该轻视它们的重要理由。例如，这份"食物"是一只动物的死尸，这杯"酒"来自一颗腐烂的小葡萄，这套"礼服"则来自一只被剃了毛的绵羊。自然是我们接受自己角色的良好典范。马可·奥勒留指出，太阳不会希望执行降下雨水的任务。

葡萄酒只能是从腐烂的葡萄中酿制出来的——要记住，这是一种轻视外部事物的实践形式。

■ 培养对于外部事物的轻视

"美化"的视角	斯多葛的视角
精选的肉	死尸
葡萄酒	腐烂的葡萄
礼服	自一只被剃光了毛的绵羊而纺成

第七卷

  第七卷关注的是自然和我们应该给予人类同伴的仁慈。此处马可·奥勒留提出了一个全新的观点，即对于"变化"的拥护。没有变化，事物就不能顺应宇宙的本性，因为宇宙一直在变，如木头经过变化成了火，食物在消化过程中发生变化。因此，我们不应害怕或拒绝变化。我们要对这个世界充满热情，因为众神已不得不永久地容忍它，所以作为仅仅是其内部可怜生物的我们，也应忍耐它。

木头变成火，反映了宇宙恒变的本性。

第八卷

  马可·奥勒留在第八卷中承认，就他的背景而言，他不可能成为一名哲学家。不仅如此，他似乎还渴望得到这种验证，但对于一个名声的追求本是虚空。于是，身处与作为一名皇帝的各种纷扰中的他，反而把注意力放在了培养哲学美德、善良和正义等方面。

第九卷

  第九卷重复了几个人们耳熟能详的主题，讨论了非正义行为的大不敬、对邪恶和虚荣的躲闪和对死亡的接纳。就最后一点，马可·奥勒留说，我们应该热切地等待死亡。不仅如此，我们还应该期待我们的灵魂从肉体中解放，就像我们期待一个婴儿从子宫中诞生一样。众神甚至早已指定过谁是邪恶的人，所以我们不应对这些人动怒。

第十卷

马可·奥勒留在第十卷的开始，便表达了对于灵魂圆满的渴望。他意识到自己在罗马的执政，以及他在战争中的使命，将对他的信条的培养和遵从产生何种影响。善的生活是孤独而艰难的，你的同伴也会对你避而远之。你要像站在一座高山上一样生活，与世间的一切隔绝，只能作为榜样为世人共见。

第十一卷

在第十一卷中，马可·奥勒留赞美了灵魂反思自身的能力，还细数了以他人为伦理发展工具的格言与典故。我们必须像大树的树枝一般，通过社会交往的方式与彼此相连，只有被"折断"后才会与之分离。在本卷中，马可·奥勒留列举了十种避免与他人动怒的方法。这些方法包括了一些观点，比如我们自身也有很多错误，或者我们很快就会与世长辞。

第十二卷

第十二卷作为最终卷，首先对我们的幸福发出呼唤。如果我们不去比较自己的过去，同时把我们对于未来的信任交托给

与彼此切断社交，就像树枝从树上折断。

■ 避免向他人动怒的 10 种方法

1. 认识到所有的人都是为了彼此才创造出来的。
2. 认识到人拥有何种特性。
3. 人们只有因为无知才会做出不正义的行为。
4. 你跟别人有同样多的罪行。
5. 有些人之所以做出他们所做之事，是因为他们盲目地遵循了规范。
6. 记住，我们都会死。
7. 行为不会冒犯我们，冒犯我们的是我们对于行为的看法。
8. 我们对于错事的反应比错事本身更糟。
9. 和善的性情更有助于纠正一个犯错的人。
10. 只有疯子才会认为坏人不会做错事。

诸神，那么我们就会得到幸福。接着，马可·奥勒留又在斯多葛教义的语境下谈及了正义、生命的无常和事物本来的面目，其涉及的斯多葛教义包括主动和被动的世界原则，以及人类是由身体、灵魂和心灵所组成的原理。《沉思录》在结尾处，把我们的生活比作演员的生活。我们不应抱怨自己在生命舞台上演出的时间，反倒应该感激把我们摆在舞台上的那一位创造者，为了世界这个大剧场的善，他有着让我们退下舞台的权力和善意。

◎ 要点总结

- 马可·奥勒留的伟大著作《沉思录》写作的首要目的是,供他自己作为备忘录和成长度量所用。正因如此,这本书缺乏框架结构。所以,不如说它是一部由主题、思想和例证组成的作品。
- 《沉思录》有十二卷:第一、二、三卷向人们致谢,讨论了死亡的角色以及道德领域之外的事物的微不足道。
- 第四、五、六卷强调了生命的无常性,关注的焦点是生活中的理性、低等人的角色以及宇宙中的重要之物,还强调不要太过关心身外之物。
- 第七和第八卷规劝我们对自己的人类同伴抱有热情,并提醒我们,变化是好事;经过反思之后,马可·奥勒留认定他想以哲学家的身份处世的渴望,只是一种虚荣的心愿,于是转而选择追求一种美德的生活。
- 第九卷敦促我们与死亡和解,同时把注意力转移到美德之上,带着喜悦拥抱将至的死亡幽灵。
- 第十卷马可·奥勒留表达了对于美德圆满性的渴望,但这却不断地被他身为皇帝的日常使命所阻碍。
- 第十一卷聚焦在我们与彼此之间共享的很多相似性,还列出了一张指导人们如何不被冒犯的清单。
- 第十二卷作为结尾,论述了幸福的目标、美德的实践和神为我们的生活谕定的天意安排,我们必须尽自己最大的努力完成神赐的角色。

第 21 课

人由身体和灵魂组成

普罗提诺

普罗提诺（约 205 年—270 年）是一位全心信奉柏拉图思想系统的哲学家，并且对亚里士多德和斯多葛学派的思想有过深入的研究。此外，他还是一名极具独创性的思想家，虽然他极具独创性，但他的学说却出了名的令人难以理解，一是和他的话题选择有关，二是与他的写作行为本身有关。他的传记作者和编者波菲利告诉我们，由于普罗提诺的视力不佳，但凡已经写成的

普罗提诺是一位颇具独创性的思想家，他的学说令人难以理解，有一部分原因是他的视力，因为视力不佳妨碍他撰写并修订自己的作品。

波菲利是普罗提诺的传记作者和编者,为我们提供了关于这位哲学家的大量信息。

文字,他们都拒绝修改。

　　普罗提诺出生于埃及。他早年没有信奉任何哲学,直到二十八岁那年,才开始跟随萨卡斯学习哲学,而这位哲学老师深受柏拉图的影响。得益于波菲利的工作,我们如今还能看到一部名为《九章集》(Enneads)的著作,这也是普罗提诺唯一的作品。因为书分为六卷,而每一卷都分为九章,因此这本书的书名来自古希腊语中表示数字九的单词。如上所述,普罗提诺写了哲学中令人难懂的方面,并且他的写作风格也毫无清晰明了可言,常常把读者引入一头雾水的境地。

灵魂、身体和物质

　　同柏拉图一样，普罗提诺也认为人是由身体和灵魂组成的。身体的存在依赖于灵魂，但是灵魂却不依赖于身体。不但如此，灵魂还在身体内"现身"，这便引出一个问题，即无肉身的某物，如何栖身于一个身体内或在其中显现。普罗提诺的答案是，我们借助对肉身的观念来理解灵魂是错误的做法。因为灵魂可以很容易地居于身体各处，而身体只能被限制于某一个位置。例如，某人无法站在已经被巨石占据的地方，又或者说，这个

一块巨石可以阻止一个人的身体出现在巨石所占据的同一处地方，但是无法阻止灵魂出现在这个地方。

行为是被巨石阻止的,但是对于没有肉体的灵魂而言,却不受这样的限制。虽说灵魂在身体中会显现出,但身体主要还是依赖于灵魂。毕竟灵魂赋予了肉身生机,并让肉体拥有了生命,成为生物。总而言之,在普罗提诺看来,灵魂就是最根本的欲望,寻求着食物、水、性、睡眠和知识。

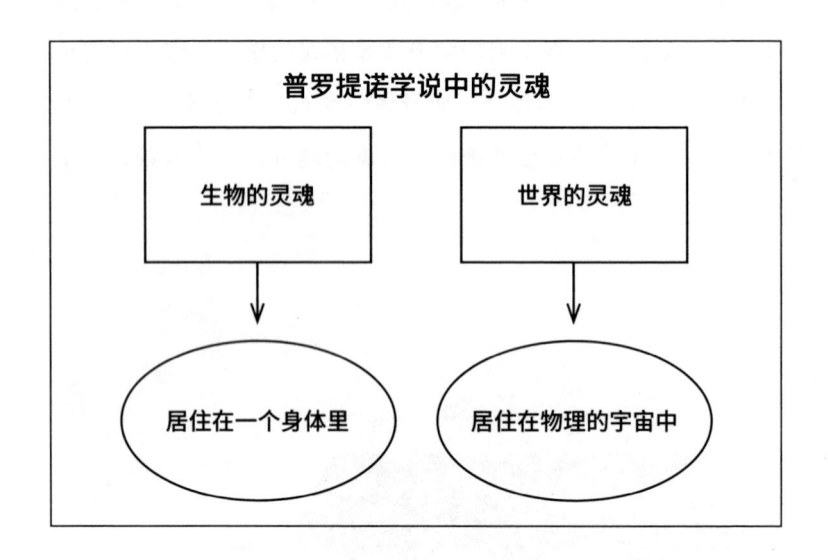

普罗提诺学说中的灵魂

生物的灵魂 → 居住在一个身体里

世界的灵魂 → 居住在物理的宇宙中

灵魂和世界灵魂

除了生物——人、动物和植物——的个体灵魂之外,还有一种世界灵魂。世界灵魂为肉眼可见的、物理的宇宙赋予生机。这种世界灵魂的运作,解释了宇宙的有序活动。在普罗提诺看来,生物、灵魂和世界灵魂同属一种,只是显见的功能不同。在灵魂、理智和太一,三位一体的形而上学等级中,灵魂是其中最低一层的原则。

身体

　　由上，我们要区分个体——有生命的身体和更广泛地被认为是物质的身体，虽然第一种含义中的动物身体必然是第二种含义中的物质，但就物质性身体而言，普罗提诺认为它容易受到变化的影响，因为它是一种合成物，由土、气、水、火以某种方式构造而成。如此看来，在普罗提诺的系统中，它显然在价值和重要性上都比灵魂更低一层。

理智

　　位于灵魂之上的原则是理智。正如理智这个名字暗示的那样，它是某种主动思考所产生的东西。理智思考的对象是柏拉图的形式，即不变的理想，尘世凡间内的事物仅仅是它的复制品而已。与灵魂和理智不同，这些柏拉图的形式不被看作原则。它们只是理智思考的客体，内在于理智，且与理智以某种方式相互依存。可以说，理智和柏拉图的形式在思想行动上是一体的。然而，即便在理智和柏拉图的形式内部有相当大的统一性，

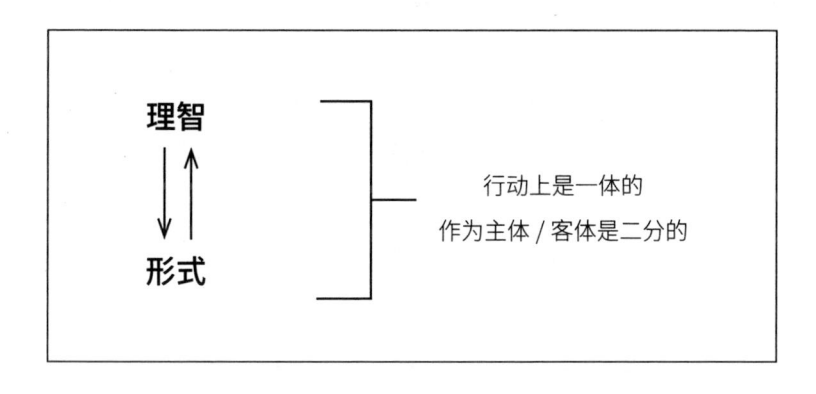

理智
↓↑
形式
} 行动上是一体的
作为主体/客体是二分的

二者之间还是存在区别或多样性的，因为就最低限度而言，还可以区分出：作为思想之物和进行思考之物。

太一或善

据普罗提诺的说法，居于灵魂与理智之上的最高原则就是太一，或曰善。相比于理智和灵魂，太一这种原则展示了最高程度的统一性，是一种完美的单纯性。理智没有太一简单，因为对于理智而言，有一分为二的划分，即思考者和思想，此外还有诸多思考的客体。

因此，虽说理智有着比灵魂更多的统一性，但是其本身还

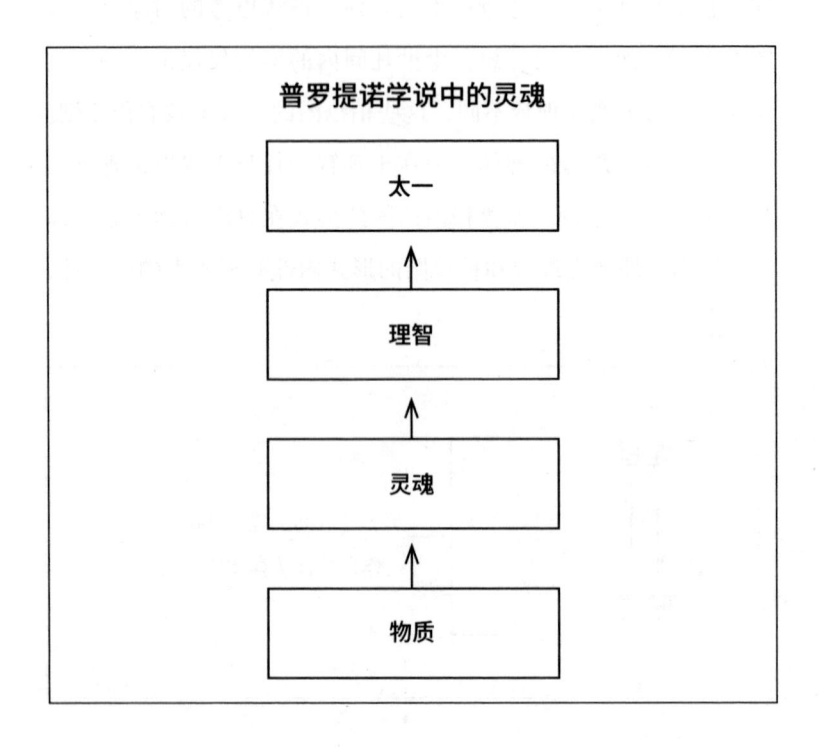

普罗提诺学说中的灵魂

太一
↑
理智
↑
灵魂
↑
物质

是存在多样性。而灵魂虽然完全作为统一体贯穿并显现于整个身体，但是它的显现原本就依托他与身体之间的关系，这本身就是一种合成体，不管在时间还是空间上都是可分的，因为它会受到变化的影响。因此，灵魂的统一性不如理智。但灵魂的统一性还是大于身体的，所以，身体的统一性最低，身体不如灵魂，灵魂又不如理智，而太一才是一种完全的统一体。

既然思考能够解释理智为何比太一具有更低的统一性，那么说太一不进行思考，就不足为奇了。不但如此，太一还不能被思考。如此一来，太一就不会爱与恨，也不会观察或经历任何发生在自身上的变化。太一是绝对超脱之物，乃至有人说它是高于存在的存在。可话虽如此，实际上并没有把它纳入理智思考的形式范畴。因为它是高于存在的存在，因此我们没有办法就其进行任何言说。事实上，把太一指定为任何事物，即说太一是某物，就是在太一中引入分裂和多样性了。太一之所以还被称为善，在普拉提诺看来唯一的原因就是，统一性与善乃是一物，比如简单和同一就是完美，没有缺陷，也没有缺点。

"双重活动"与放射

普罗提诺相信，一切事物都是从太一中流出或放射出来的。为了理解这种放射，我们首先要解释一个名为"双重活动"的概念。双重活动认为，事物的起因有两种活动，一种活动是自身的内部活动，另一种则是外部的他物发生变化。普罗提诺用几则隐喻来阐释这个观点，比如火、雪和太阳。如果我们集中关注火，那么我们可以说它首要的活动，就是作为其自身所是而

双重活动

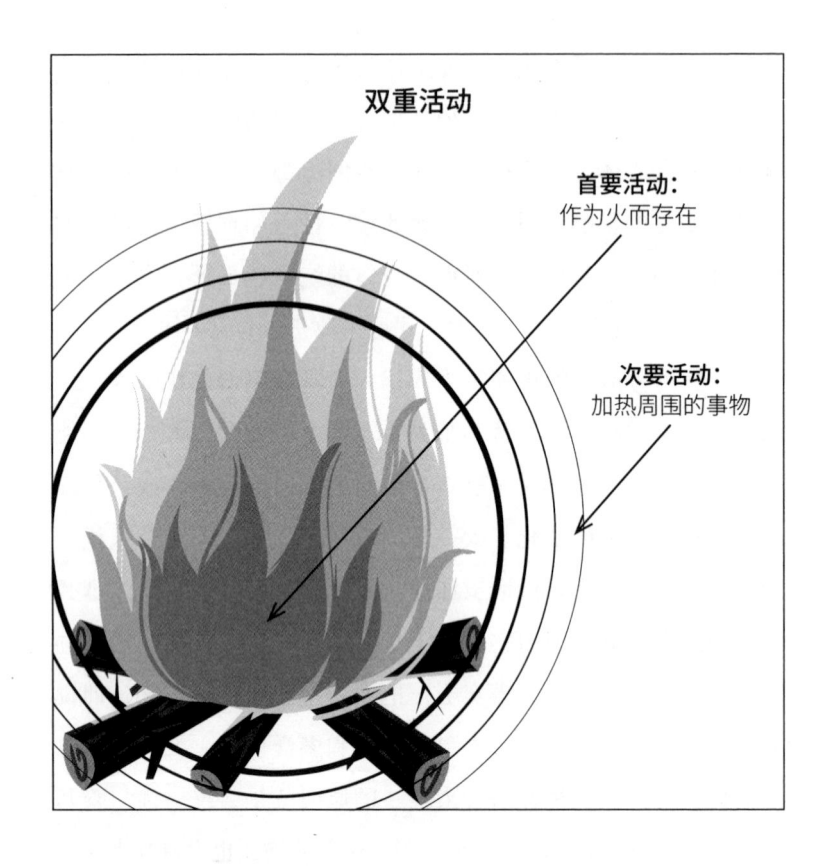

首要活动：
作为火而存在

次要活动：
加热周围的事物

存在，即成为火，而它的次要活动则是在某种他物中生发热量。

这种双重活动一方面是在说明，起因不会变化，始终保持一致。因此，火的隐喻是错误的，因为火本身就在促进它本身的灭亡。双重活动的第二个，可能也是更重要的特征，首要活动比次要活动更为优越。这一点在火的隐喻中便得到了很好的阐释，因为火本身总是比它烘热的房间更热、更炽烈。普罗提诺正是借用这样的放射过程，解释了理智和灵魂如何从太一中衍生。也就是说，理智是太一的次要活动，而灵魂又是理智的次要活动。至于普罗提诺是否认为灵魂还会继续引发物质,这一点并不明朗,但是看起来是很有可能的。不论如何,究其根本,存在的万物都来自太一,也可以说,存在的万物是从太一中放射出的。

太一的两个问题

普罗提诺对太一的认识引发了两个问题,并采用一种颇具哲学意味的方式给出了回答。第一个问题是,尽管他明确表示,我们无法言说太一,可他还是谈到了太一。关于这一点他的回答是,当我们说太一的时候,我们并不是真正在说太一,实际上是在说关于我们自己的事情。也就是说,当我们说起从太一种发射出来的理智、灵魂和意识时,我们所说的是关于作为结果的事情,并非太一本身。普罗提诺把这比作围绕太一"转圈",走近、退远,却永远不会真正窥见真实的太一。

另外一个有趣的问题是,太一作为万物的来源,因其简单性而被认为是善,同时它也必定是恶的来源。关于这一说法的答案是,恶可

当我们与物质世界之间的联系越来越紧密之时,我们的灵魂将褪色,而我们也将对理智的生活和太一视而不见。

以被描述为太一、理智和灵魂所具有的存在的缺乏。在这一意义上，普罗提诺还经常把恶与物质直接联系在一起。如果我们再考虑道德上的恶，就会意识到恶是被我们自己这样的道德主体所造成的，那么引发它的间接原因就是我们与物质的紧密关系。当与物质世界和物质生活缠绕在一起时，我们的灵魂就会在某种程度上被物质削弱，开始忽视我们在理智和太一中更高的生活。

伦理生活

我们已经在前一小节讨论过根本性的现实，和解释这种现实的原则。在这里，我们要转而讨论普罗提诺关于如何度过一生的观念。当我们把自己设想为人类时，应该认识到，我们的灵魂大于身体。作为灵魂，我们必须记住我们由来的最终的起源，即太一。而我们当前的身份，是停留在物质化身体内部的灵魂，这会驱使我们忽视或遗忘我们的最终的起源。虽然这听起来很奇怪，但只能说，我们的部分灵魂仍存留在理智的世界。我们的灵魂渴望返回的目的地正是理智，到了那里，我们就可以尽可能地接近太一。就这一意义而言，在这个世界上获得幸福的目标就是寻求我们自己与神的相似性，这里的神即可以理解为太一。

◎ **要点总结**

- 普罗提诺是柏拉图的忠实信徒。他相信人类拥有身体和灵魂，而身体臣服于灵魂。既然灵魂与身体不同，在空间上没有限制，那么灵魂居于一具人类身体之"内"就不成问题了。
- 普罗提诺的等级自上而下依次为：太一、理智、灵魂，最后才是物质。太一是一个统一体，比理智的统一性更强，而后者又比灵魂更统一，灵魂又比物质更统一。
- 理智是一种主动且持续的思考，思考对象是柏拉图的形式，即不变的理想和凡间事物的范式。尽管如此，因为理智有思考的对象，所以它并没有完全统一。
- 太一是超凡的，既不能行动，也不会被施加行动，甚至不能被言说；它就是善，因为在普罗提诺看来，善与统一性是一回事，因为统一性就意味着完全性。
- 首要的活动是指一件事物本身的活动，而次要的活动则是它影响其他事物的方式；就此而言，理智是太一的次要活动，而灵魂又是理智的次要活动。
- 在普罗提诺看来，恶与物质的观念以及我们与物质的纠缠关系紧密联系在一起；在这个物质世界中，我们已经忘记了太一，我们终其一生都在寻求返回理智的世界，以思索太一。

第 22 课

古典哲学的遗产

古典哲学对于文化产生了极为深远的影响，而这种影响在文化中持续发酵成熟，直至今日而不衰。评估和讨论这些哲学家影响的方式实在太多，几近过剩，而我们在此只谈谈其中的几位。

前苏格拉底哲学家

前苏格拉底哲学家为物质世界寻求了一个解释，即对于始基的求索，经历了多个阶段。始基指的是使世界以其构成的方式成为其所是之物。水、气和火都曾被提出过，此外还有一些更加奇特的变体，比如无限定和爱与斗争。而原子便是其中一个格外有用的变体。留基波和他的学生德谟克利特是原子论最初的拥护者。这一理论的最根本的观点认为，宇宙由孤立的物

火　　　　气　　　　水　　　　土

水、气和火等元素都曾被指认为可以解释宇宙的始基。

质单元构成。最终,这成为启发现代原子理论概念的观念萌芽。除此之外,对于始基的求索似乎一直延续到今天,并化身为宇宙学中对于"万物理论"的探究。但这一具有如此简明性和美学魅力的解释原则,本身就足以担当起宇宙的起因。

苏格拉底

即使在古典哲学的世界内部,苏格拉底也具有突出的影响力。他不仅是正统柏拉图主义的一个象征,还影响了伊壁鸠鲁和斯多葛学派的思想,启发了柏拉图主义者的怀疑论取向。在现代,他有时会被比作耶稣基督,而两者的共通之处是,他们都牺牲了自己,拥有一群赤诚的追随

阿里斯提波创办了一个宗派,将肉体快感奉为最高形式的善。

者，度过了令人敬仰的一生，并且——可能是最显著的相似之处——他们都没有留下过一个文字。

在苏格拉底的启发下，他的学徒中还有人成了与柏拉图观点截然对立的哲学家，这也许是苏格拉底哲学观点的疏离立场所带来的结果。例如，阿里斯提波创立了一个哲学教派，信奉肉体快感是善的最高形式这一观点。还有智者学派的智者安提斯泰尼，同样没有完全摆脱诡辩的底色。

柏拉图

柏拉图的学术对于后世的影响众所周知。他不仅启发了自己哲学的怀疑论版本，还启发了古代晚期的复兴学派——"新柏拉图主义"。普罗提诺是新柏拉图主义中最有名的一个。不仅如此，柏拉图主义还在很长一段时期内，影响着西方世界的观念，他们认为有两个世界存在，即物质世界与智力世界，此外还相信超凡的理想。据我们所知，神学家圣奥古斯丁就同时受到了柏拉图和普罗提诺的影响，他在自己的作品中积极

圣奥古斯丁从柏拉图和普罗提诺的著作中汲取灵感。

地提及这两位前辈作家。

圣奥古斯丁留下了后世解读者如何把古典哲学化为己用的确证，其中一例是，他把物质与智力的二分理解为肉体与精神的二分。当然，柏拉图的影响力扩展延伸，贯穿中世纪，这在很大程度上是通过《蒂迈欧篇》传播开来的。而这篇对话需要经过基督教相当程度的改编，才能不违背基督教的正统教义。

亚里士多德

亚里士多德的思想对于后世的影响持久深远。自他去世那一刻，他的影响便已开始。他创办的吕克昂继承了他的衣钵。此外，亚里士多德的影响，在从小接受他教导的亚历山大大帝那里也显示出来。亚历山大对于动物志与植物志的收集，以及他对于城市与学习中心的建设，都体现了来自亚里士多德的启发。在这些城市中，埃及的亚历山大港也许是最伟大的一座，伟大的希腊化时代的学者们正是由此处开始，展开了他们的文学批评、文类划分和文本分析等工作。

然而，就严格意义上的哲学影响力而言，亚里士多德在死后两三个世纪里处于被忽视的状态。直到千年之交，专注于亚里士多德学说的评论者才开始出现。其中，最重要的几位有阿弗罗狄西亚的亚历山大大帝（公元前356年—公元前323年）、辛普里丘（约490年—560年）和约翰·菲洛波努斯（约490年—526年）。亚里士多德的思想在西方的拉丁语世界中同样建立起了一套丰富的评论传统，而其中出色的一位大概要数波爱

埃及的亚历山大港是古典世界最伟大的学习中心之一。

修（约 480 年—524 年）了。他把亚里士多德的学说翻译成了拉丁语，并把亚里士多德哲学纳入基督教的传统之中。在西方世界，亚里士多德的思想在很长一段时期里都伴有神学倾向，直至托马斯·阿奎纳（约 1225 年—1274 年）将其发展到了顶峰。他在自己的论著中，将亚里士多德的哲学作为工具，用于维护和丰富天主教的信仰。

伊壁鸠鲁

在古罗马时期,伊壁鸠鲁学派在罗马城内创立。这个学派影响了古罗马诗人维吉尔、贺拉斯和卢克莱修。然而,伊壁鸠鲁学说在古代日趋没落,其中一个重要的因素就是伊壁鸠鲁主义者对参与政治事务一事讳莫如深,这对于在古罗马帝国内形成文化影响力而言,是一种近乎自杀的态度。随着基督教信仰的传播扩散,伊壁鸠鲁主义因其鼓吹一种不干预人类事务、没有来世也没有物质灵魂的神性,成为被批评攻击的靶子。在后世更晚受到伊壁鸠鲁思想影响的人中,乔尔丹诺·布鲁诺(1548年—1600年)和皮埃尔·伽桑狄(1592年—1655年)是突出的两位。布鲁诺最终因为一些被认为是异端的观点,被判在火刑柱上烧死,这些观点包括宇宙的无限性和其他的世界,都出自伊壁鸠

乔尔丹诺·布鲁诺因其得自伊壁鸠鲁学派的观点而被处以火刑。

圣奥古斯丁使用亚里士多德的哲学来维护天主教教义。

鲁。伽桑狄的写作包括对勒内·笛卡尔的批判，和对伊壁鸠鲁思想的多重论述。他的基督教信仰构成并修订了他的伊壁鸠鲁信念。例如，他认为所有的知识都来自感官知觉，而不是抽象的原则。

结论

哲学对于社会的影响持续不断，凡是有关古典哲学遗产的讨论，就必定是被裁短的。但可说的事情还有很多，比如柏拉图和亚里士多德的物理学对于中世纪的影响。从更普遍的意义上讲，亚里士多德的生物学论说，还持续影响我们关于生物学的哲学认识，为关于自然的经验性研究、生物的物种形态及诸多生物学概念奠定了基础。无论是当代的哲学家，还是活跃在街头巷尾的普通人，他们都会对于重提亚里士多德提倡的那种美德伦理形式产生深厚的兴趣。

有人的地方，就有思想。哲学家们的不谋而合是司空见惯的事，而这些相同的思想便会注入哲学系统当中。不只是哲学家，而是对于全人类而言，这都是我们所有人共享的生活。

术语表

Adiaphora

在斯多葛学派的伦理学中被认为既不好也不坏,是"无关紧要"行为,它们没有任何内在的伦理价值。

Apeiron

也被称为无限定、无限或无界,是阿那克西曼德提出的一种宇宙原则。

始基(Arche)

很多前苏格拉底哲学家都使用的一个术语,指的是他们各自的候选人来解释世界物质构成和起源。

Arête

字面义是在任何一个领域内的"杰出",但是当限定在人类范畴内时,常常特指伦理生活领域,所以在这个意义上可以被认为是"美德"。

Ataraxia

一种摆脱了忧虑的平和或自由的心理状态，这是怀疑论哲学推演的自然结果。

原子论

留基波和德谟克利特提出的一种哲学理论，后来也被伊壁鸠鲁学派继承，认为世界的物质构成是由微小、"不可切分"的实体组成。

宇宙循环

在恩培多克勒看来，宇宙无穷无尽的过程，如火、气、土、水在其中持续不断地发生连接，又在"爱"与"斗争"的力量作用下分离。

宇宙学

宇宙的创造和（或）构成，以及关于涉及这些话题的问题的研究。

反地球

一颗假设性的行星，按照亚里士多德的说法，毕达哥拉斯学派设定这颗行星，单纯是为了在已知的九大行星的基础上凑齐在数学上更令人满意的十。

德拉克马

古希腊的货币单位。

爱多拉（Eidola）

字面意思是"小图像"。对于伊壁鸠鲁而言，视觉就是要看到这些"eidola"，即对任意客体的忠实再现。例如，如果知觉的客体是一个苹果，那么苹果的微小影像就会传送到一个人的眼中。

反诘法（Elenchus）

字面意思是"反驳"。这是苏格拉底采用的一种辩论法，他以某个学徒说过的话作为反驳的方法，用在那个人身上。

伊壁鸠鲁学派

以伊壁鸠鲁和他的哲学为中心建立的思想流派,总结在《四重疗法》一书中。

Epoche

一种判断的"悬置",即怀疑论者采用的一种设法避免形成信念的心理倾向。

Eudaimonia

字面意思是"受到神的良好保佑",是指在某种意义上一个人生活是幸运的。这个古典的术语与我们关于幸福的观念不谋而合,只不过它更强调神佑人生的客观成分,而不是内在的、主观的经验。

形式(eidos)

在柏拉图的思想里,形式是指那些非实体的、永恒的、不变的神圣模式,宇宙中的物理事物以此为范式。在亚里士多德的思想体系里,可以被认为是某物的定义,也可以被理解为是它完全成熟的实现。

磐折形(Gnomon)

对于毕达哥拉斯主义而言,这仅仅是一种形状,就像一把木匠尺。在其他地方,磐折形指一种利用太阳计时的装置,比如日晷。

Hegemonikon

字面意思是"主导的要素"。按照斯多葛学派的说法,它同时承担了灵魂的思考和决策功能。

无限定

见 Apeiron。

理智(nous)

古希腊语中表示"心灵"的一个常见词汇。在普罗提诺的体系中,这种存在状态低于太一，且总是在思索形式。

希腊共通语

这是随着亚历山大大帝的征战而散播推广的希腊语言。与古典时代的希腊语相比，希腊共通语是以某种方式变得更简化的方言。

逻各斯（Logos）

字面义是"言语、说辞、理性和论证"。这可能是希腊语中最难解释的一个词，因为它的意思很难用一个词概括。

心灵

见 nous。

Oikeiosis

字面意思是"一个成为属于自己的（人）"。这是一条斯多葛教义，可以翻译为"亲近关系"，指人类顺从他们的自然本能，扩大他们交往关系的范围，直到最终与世界结成某种群体。

太一

按照普罗提诺的说法，所有其他一切都由此"流"出。它本身超越存在，是其他一切事物发生和存在的源头。

Pithanon

"可能性"或"可信性"，用来指代感官印象，比如视觉或听觉印象。学院派的怀疑论者卡尔内亚德用它来作为相信的阈值，并借此承认怀疑论的方法对于日常生活而言常常是不够的。

充满（Plenum）

拉丁语的"满"。在德谟克利特的原子论中，它是宇宙划分出的两部分之一，是原子充满的那一部分。

前苏格拉底哲学家

指苏格拉底之"前"的所有哲学家,但有时也指与他同时代的某些哲学家,因为苏格拉底被视为最先把兴趣放在对于道德,而非物理探究上的哲学家。

普罗泰戈拉的相对主义

认为真理随着每个人为他或她自己所做的决策而变化。

灵魂(psyche)

在古希腊哲学中,这个术语有很多种不同的理解方式。亚里士多德认为,灵魂可以指一种对生命负责的原理,柏拉图认为,灵魂可以指一种不朽和类神的方面。在伊壁鸠鲁学派眼中,灵魂还可以指一种物质实质。

可说之物(lekta)

还被称为"可言之物",是指一个词的意思,并非单独的声音或者字母本身,而是在一页纸上作为符号呈现。

智者学派

一群"有智慧的人",在古典时期的雅典,宣称有能力收费教育年轻人而获得盛名,同时他们也展现了言辞上的高超技巧,有时甚至不免有诡辩的嫌疑。

斯多葛

兴起于雅典的一个哲学流派,以试图消灭精神层面的激情,强调意志是我们最重要的道德品质而闻名于世。

符号(Symbola)

毕达哥拉斯教义问答或提问与回答的一种形式,还被这个神秘集团内部人员用作暗号。

对立表

被某些毕达哥拉斯主义者使用的包含十对相反概念的清单。但它具体的用途并不被认知。

圣十

毕达哥拉斯学说中的一个三角形,被用来展示某种和谐的数学关系。它被设定为由点构成的三角,三角的底部有四个点,往上依次排列三行,每高一行就少一个点,直到最顶部只剩下一个点。

Tetrapharmakon

"四重疗法"。这是用伊壁鸠鲁《学说要点》的前四条对伊壁鸠鲁学说进行的总结。这四条分别是:我们不用为取悦神或者被神惩罚而操心;我们不应该惧怕死亡;我们能够体验到的快乐的量是有限的;痛苦要么是时间有限,要么是程度有限。

四种"根"

恩培多克勒使用了一个诗意的术语,来描述物理材料的元素,包括火、气、水和土。

知觉理论

任何一种试图解释五感中的一种或多种的哲学理论。

对立统一

赫拉克利特学说中的一个观点认为,尽管对立物中有明显的内在冲突,如健康与疾病,但其中还是存在一种介于这种对立之间的由自然所施加的秩序或统一性。

虚空

在德谟克利特的原子论中,这是没有被原子充满的一部分,是一种完全没有填充物的虚空。